Sabine Stechling
Isabella Schneider-Eberz

1013 Spiel- und Übungsformen für Senioren

Die Deutsche Bibliothek — CIP-Einheitsaufnahme

12 000 Spiel- und Übungsformen / hrsg. von Walter Bucher. —
Schorndorf: Hofmann.
Früher u. d. T.: 10 000 Spiel- und Übungsformen
NE: Bucher, Walter [Hrsg.]; Zwölftausend Spiel- und Übungsformen

Stechling, Sabine: 1013 Spiel- und Übungsformen für Senioren. —
3., unveränd. Aufl. 1992

Stechling, Sabine:
1013 Spiel- und Übungsformen für Senioren / Sabine Stechling;
Isabella Schneider-Eberz. — 3., unveränd. Aufl. —
Schorndorf: Hofmann
(12 000 Spiel- und Übungsformen)
ISBN 3-7780-6333-2
NE: Schneider-Eberz, Isabella:; Stechling, Sabine: Tausenddreizehn Spiel- und Übungsformen für Senioren; Schneider-Eberz, Isabella: Tausenddreizehn Spiel- und Übungsformen für Senioren

Bestellnummer 6333

3., unveränderte Auflage 1992

Fotos: Andreas Eberz / Wolfgang Kirscht

Gesamtherstellung in der Hausdruckerei des Verlags
Printed in Germany · ISBN 3-7780-6333-2

Inhaltsverzeichnis

Vorwort

Sport, Spiel und Bewegung vermitteln Menschen aller Altersgruppen wichtige Lebenserfahrungen, Fröhlichkeit, Gesundheit, soziales Miteinander und damit die Steigerung persönlichen Wohlergehens.

Wissenschaftliche Untersuchungen und die einschlägige Praxis führen uns zu der Erkenntnis, daß der Sport mit seinen vielfältigen Funktionen immer mehr von älteren Menschen gesucht wird.
Alle, die im Sport Verantwortung tragen, müssen sich dieser neuen Herausforderung stellen und überzeugende Sport- und Übungsangebote für ältere Menschen bereithalten.

Der Erfolg aller Bemühungen wird entscheidend davon abhängen, wie die Übungsstunden mit welchen Inhalten bedürfnisgerecht gestaltet werden und welche Akzeptanz sie bei den betroffenen Menschen erfahren werden. So bietet der Band *„1013 Spiel- und Übungsformen für Senioren"* wichtige Hinweise und Anregungen für das sportliche Training älterer Menschen. Die Autorinnen greifen dabei auf einen reichen Schatz theoretischer und praktischer Erfahrungen und Kenntnisse zurück.

Das Buch ist ein wichtiger Leitfaden für die Übungsleiter im Seniorensport; es gehört gleichermaßen direkt in die Hand der Sporttreibenden, die sich daraus ihr eigenes Übungsprogramm auswählen können. Dem Seniorensport ist in jeder Hinsicht eine positive Entwicklung und den älteren Menschen viel Freude am Sport zu wünschen.

Frankfurt, Juli 1992

Heinz Fallak
Präsident des Landessportbundes Hessen
und Ehrenmitglied des Deutschen Sportbundes

Vorwort

Mit der Zielsetzung „Sport für Alle“ versuchen die Landessportbünde mit ihren angeschlossenen Verbänden, unterschiedlichsten Zielgruppen ein möglichst breit gefächertes Sportangebot zu eröffnen. Um die Übungsleiter und Helfer in den Vereinen auf diese vielseitigen Aufgaben vorzubereiten, werden durch spezielle Fortbildungsmaßnahmen Informationen über aktuelle Entwicklungen und Erkenntnisse im Bereich des Breiten- und Freizeitsports weitergegeben.

Der Seniorensport ist ein Aufgabenfeld, dem sich auch der Landessportbund Hessen angenommen hat, um dem wachsenden Interesse älterer Menschen an sportlicher Betätigung zu entsprechen. Die Aktivitäten innerhalb der einzelnen Sportvereine haben gezeigt, daß diese über das Sportangebot hinaus einen wichtigen Beitrag zur Erhaltung und Verbesserung der Lebensqualität der Senioren in unserer Gesellschaft leisten.

Die zahlreichen ehrenamtlichen Übungsleiter in den Sportvereinen brauchen daher immer wieder Anregungen, um ihre Übungsstunden abwechslungsreich und interessant gestalten zu können.

Die Erfahrungen der Autorinnen mit Seniorensportgruppen spiegeln sich in diesem Buch durch ein breites Spektrum vom Tanz über Gymnastik und Spielformen für Senioren wider. Sie geben dem Übungsleiter der Jahreszeit und den vorhandenen Sportstätten entsprechend eine spezifische Arbeitshilfe für eine vielseitige praktische Tätigkeit.

Frankfurt/Main, November 1985

ECKARD CÖSTER
Referent für Breiten-
und Freizeitsport im
Landessportbund Hessen

Einleitung

Die Übungsvorschläge in diesem Buch richten sich an die Zielgruppe der Senioren. Es werden vor allem sportgesunde ältere Menschen angesprochen, die das 60. Lebensjahr überschritten haben. Ihr Wunsch nach aktiver Lebensgestaltung stand bei den Vorüberlegungen zur Erstellung dieser Übungssammlung im Vordergrund. Ferner unser Bestreben, durch das breite Spektrum der hier dargestellten Übungsformen erneut Übungsleiter, Sportlehrer, Vereine und Verbände zu aktivieren, sich engagiert mit dieser Thematik auseinanderzusetzen.

Beim Aufbau von Seniorensportgruppen müssen zunächst neben organisatorischen Voraussetzungen (wie geeignete Übungsräume, Übungszeit usw.), Kenntnisse über den Leistungszustand der Teilnehmer vorhanden sein. Eine Einteilung sollte unbedingt vorgenommen werden in:

Ungeübte (Teilnehmer, die seit ihrer Schulzeit keinen Sport mehr betrieben haben und wieder aktiv werden möchten);

Wiederbeginner (Teilnehmer, die nach einer längeren Pause wieder Sport treiben wollen);

Geübte (Teilnehmer, die ursprünglich zu den vorangehenden Gruppen gehörten, aber seit längerer Zeit regelmäßig Sport treiben);

Lebenszeitsportler (Teilnehmer, die seit ihrer Jugend immer sportlich aktiv waren).

Eine derartige Einteilung ist eine Hilfe zum Aufbau annähernd leistungshomogener Gruppen. Weiterhin sollte der Übungsleiter beachten, daß die Gruppenstärke 20 Teilnehmer nicht überschreitet, daß Männer und Frauen gemeinsam üben.

Eine Begründung für die Auswahl des hier zusammengestellten Übungsstoffes ergibt sich aus der Zielsetzung des Seniorensports. Diese muß sowohl physiologische, psychologische, soziologische als auch sportmotorische Aspekte berücksichtigen, die zum Wohlbefinden des älteren Menschen beitragen.

Das Ziel, die Alltagsmotorik des Seniorensportlers zu erhalten bzw. zu verbessern, stellt einen der Schwerpunkte in unserer Übungssammlung dar. Hauptbestandteile sind daher spezielle Übungsformen zur Förderung von Koordination, Beweglichkeit, Gleichgewicht, Reaktions- und Konzentrationsvermögen.

Um eine Unterrichtseinheit aus den nachfolgenden Übungen zusammenstellen zu können, ist eine Gliederung innerhalb der einzelnen Kapitel nach anatomischen Bereichen vorgenommen worden. In jeder Unterrichtseinheit (ca. 60 Min.) sollten gymnastische und spielerische Übungsformen mit folgenden Übungswirkungen enthalten sein:

1. Übungen zur Lockerung und Erwärmung der Muskulatur, zur Körpererfahrung und Raumorientierung (ca. 10 Min.)
2. Übungsformen zur Dehnung und Kräftigung der Muskulatur mit dem Ziel der Förderung von Koordination (Gewandtheit/Geschicklichkeit), Gleichgewicht, Beweglichkeit und Reaktion (ca. 30 Min.)
3. Partnerübungen zur Entwicklung koordinativer und kooperativer Fähigkeiten (ca. 10 Min.)
4. Spielerische und tänzerische Übungsformen zur vielfältigen Körper- und Bewegungserfahrung sowie Übungen zur Entspannung der Muskulatur und Normalisierung der Herz-Kreislauffunktionen (ca. 10 Min.)

Die Aufgabe des Übungsleiters besteht nun darin, je nach Leistungsstand seiner Gruppe und Zielsetzung seiner Stunde adäquate Übungsformen auszuwählen, die die Teilnehmer weder über- noch unterfordern.

Bei allen Übungsformen, die in diesem Buch beschrieben sind, ist auf eine langsame und kontrollierte Bewegungsausführung zu achten. Besonders bei Dehnübungen niemals nachfedern!

Darüber hinaus versteht sich die Übungssammlung als Anregung, um über vorhandenes Bewegungsrepertoire hinaus Impulse für neue Umsetzungsmöglichkeiten zu geben.

Besonderen Dank möchten wir an dieser Stelle Prof. Dr. Heinz Meusel aussprechen, der uns in allen Phasen der Entstehung dieses Buches wertvolle fachliche Anregungen gegeben hat und uns bei der redaktionellen Arbeit behilflich war.

Für die Mühe und Geduld bei der Erstellung des Manuskriptes bedanken wir uns herzlich bei Irmgard Götz, Sylvia Hohenauer und Edith Pannek, ferner bei Andreas Eberz und Wolfgang Kirscht für ihren unermüdlichen Einsatz, den umfangreichen Übungsstoff fotografisch zu dokumentieren.

Schließlich gilt unser Dank der freundlichen Unterstützung unserer Seniorensportgruppen, die nicht nur für zahlreiche Abweichungen in ihrem Übungsbetrieb Verständnis zeigten, sondern auch kritisch die Eignung einzelner Übungsformen überprüften.

Gießen, im November 1985

SABINE STECHLING / ISABELLA SCHNEIDER-EBERZ

Kapitel 1

Gymnastische und spielerische Übungsformen mit Handgeräten

Das umfangreiche Kapitel gymnastischer und spielerischer Übungsformen mit Handgeräten soll einen grundlegenden Einblick in die vielfältigen Bewegungsmöglichkeiten für Senioren geben, mit dem Ziel, die motorischen Fähigkeiten zu entwickeln und zu erhalten.
Grundsätzlich eignen sich alle bekannten Handgeräte für den Unterricht mit Senioren. Lediglich beim Einsatz von Bällen sollten aufgrund einer geringeren Verletzungsgefahr Softbälle in verschiedenen Größen und mit unterschiedlichen Gewichten sowie leichte Wasserbälle oder kleine Tennisbälle benutzt werden.
Die Übungen mit den Gymnastikbändern fallen den Seniorensportlern leichter, wenn man kürzere (ca. 3 m) Übungsbänder wählt.
Darüber hinaus werden hier Übungsformen mit Handgeräten vorgestellt, die das vorhandene Übungsrepertoire bereichern sollen, wie Säckli, Tücher und Zeitung. Diese Übungsgeräte haben einen hohen Aufforderungscharakter und können zu selbständigem und kreativem Bewegen anregen.
Sie sind für den Übungsleiter leicht zu beschaffen und lassen sich auch problemlos in kleinen Übungsräumen verwenden. Jedes einzelne Handgerät trägt zu einem abwechslungsreichen Übungsprogramm bei.
Spezielle Übungswirkungen durch den Einsatz von Handgeräten resultieren aus einer Bewegungsunterstützung durch dynamische Ausführung der Bewegung.

NR.	HINWEISE / ORGANISATION	BESCHREIBUNG	ZIEL
1	Freie Aufstellung	Im Vorwärtsgehen: Luftballon durch Schlagen mit der re/li Hand vorantreiben; - dasselbe mit Kopf und Knie, Schultern, Brust, Hüfte	Allgemeine Erwärmung, Koordination
2	"	Im Vorwärtsgehen den Luftballon mit dem Fuß spielen; - zunehmend die Spielfläche verkleinern und versuchen, den Mitspielern aus-zuweichen	Raumorientie-rung
3	"	Luftballon zwischen die Knie klemmen und vorwärtsgehen.	Koordination
4	" 	Im Stand und in der Fortbewegung: Luftballon zwischen die Füße klemmen und hüpfen. Nur für Geübte!	Kräftigung der Beinmuskulatur, Koordination

1.1 Luftballon: Übungen im Stand

NR.	HINWEISE / ORGANISATION	BESCHREIBUNG	ZIEL
5	Im Stand 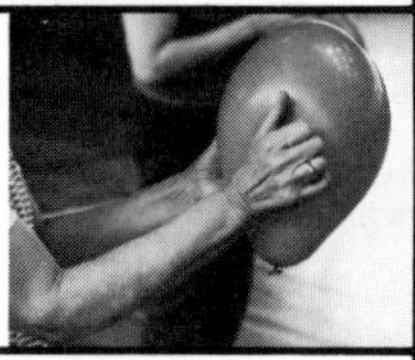	Luftballon mit beiden Händen in der Vorhalte fassen und mit den Fingern Geräusche erzielen.	Fingerbeweglichkeit
6	"	Auf allen Fingern Luftballon nacheinander balancieren, abwechselnd re/li Hand.	Fingerbeweglichkeit, Geschicklichkeit
7	Im Stand und im Sitzen 	Balancieren des Luftballons mit den Fingern, dabei hinsetzen und wieder aufstehen.	Gewandtheit
8	Im Stand	Luftballon zwischen Handrücken der einen und Handinnenfläche der anderen Hand legen. Hände kreisen umeinander("Wolle wickeln").	Geschicklichkeit
9	"	Luftballon liegt auf den Handinnenflächen; Hochwerfen des Luftballons und mit den Handrücken auffangen; dasselbe umgekehrt.	Geschicklichkeit

NR.	HINWEISE / ORGANISATION	BESCHREIBUNG	ZIEL
10	Im Stand	Luftballon aus der Rückhalte über den Kopf nach vorn werfen und fangen; dasselbe umgekehrt.	Dehnung der Brustmuskulatur, Koordination
11	"	Luftballon mit einer Hand am Knoten fassen. Auf Zuruf mit dem Ballon gegen verschiedene Körperteile (z.B. Knie, Schulter, Wade) schlagen. -Bewegungsverbindungen in festgelegter Reihenfolge könnten durchgeführt werden.	Koordination
12	"	Auf einem Bein stehend den Luftballon in verschiedenen Variationen in die Luft schlagen. - einhändig, beidhändig, mit der Handfläche, mit den Handrücken, mit den Fingern u.v.m.	Gleichgewicht, Koordination
13	"	Luftballon mit beiden Händen in die Hochhalte führen und hinter dem Kopf im Nacken auflegen. Ballon loslassen und über den Rücken rollen lassen. Beide Hände in die Rückhalte nach unten führen und versuchen, dort den Ballon wieder zu fangen.	Koordination, Beweglichkeit im Schultergelenk

1.1 Luftballon: Übungsformen im Sitzen und in der Rückenlage

NR.	HINWEISE / ORGANISATION	BESCHREIBUNG	ZIEL
14	Strecksitz	Luftballon mit beiden Händen fassen. Langsames Rumpfvorneigen mit geradem Rücken, die Knie sind gestreckt, die Fußgelenke gebeugt. Der Zug der Arme geht waagerecht nach vorn, der Luftballon kann die Fußspitzen berühren, wieder aufrichten.	Dehnung der Rücken-und Gesäßmuskulatur und der hinteren Oberschenkelmuskulatur
15	Langsitz, ein Bein gestreckt, das andere angewinkelt - Fußgelenk gebeugt	Luftballon liegt zwischen Fuß und Knie geklemmt auf dem Boden. Langsam den Kopf zum Luftballon ziehen.	Dehnung der Rückenstrecker, der Gesäß- und hinteren Oberschenkelmuskulatur
16	Rückenlage	Die Beine anstellen, den Luftballon mit beiden Händen auf den Bauch legen und den Lendenbereich fest auf den Boden drücken	Kräftigung der Bauchmuskulatur
17	" 	Luftballon liegt vor den Füßen auf dem Boden. Durch Vorwärtsbewegen im Sitzen (Anheben der Beine nacheinander) den Luftballon mit den Füßen voranstoßen.	Kräftigung der Bauch-, Gesäß- und Beinmuskulatur
18	Rückenlage	Luftballon auf den Füßen balancieren.	Dehnung der rückwärtigen Beinmuskulatur, Objektgleichgewicht

NR.	HINWEISE / ORGANISATION	BESCHREIBUNG	ZIEL
19	Paarweise gegenüber-stehen - Zweihand-fassung 	Luftballon liegt auf den gestreckten Armen. Wechselseitiges Kniebeugen- und strecken, dabei den Ballon über die Arme rollen lassen.	Kräftigung der Rücken- und Beinmuskulatur, Koordination
20	"	Luftballon liegt auf den gestreckten Armen. Leichtes Anwerfen des Luftballons, mit den geschlossenen Armen einen Kreis um den Ballon beschreiben (re/li) und wieder fangen.	Koordination
21	Paarweise gegenüber-stehen - Abstand ca. 2 m	Partner köpfen sich einen Luftballon zu.	Geschicklich-keit
22	Rücken an Rücken stehen	Luftballon zwischen die Schulterblätter klemmen. A geht vorwärts, B rückwärts, ohne den Luftballon zu verlieren.	Kooperation, Koordination
23	Paarweise gegenüber-stehen 	Luftballon zwischen den Bauch klemmen. Partner drehen sich in entgegengesetzter Richtung um den Luftballon.	" Gewandtheit

1.1 Luftballon: Partner- und Gruppenübungen

NR.	HINWEISE / ORGANISATION	BESCHREIBUNG	ZIEL
24	Paarweise nebeneinander 	Den Luftballon zwischen - Schultern - Becken - Knie klemmen und vorwärts gehen.	Koordination
25	"	Wie vorangehende Übung, jedoch mit 2 Luftballons.	"
26	Paarweise gegenüber	Jeder hat einen Luftballon. - Partner schlagen mit der Hand gleichzeitig ihren Luftballon zum gegenüberstehenden - Partner A schlägt gleichzeitig beide Luftballons zu B.	Auge-Hand-Koordination

NR.	HINWEISE / ORGANISATION	BESCHREIBUNG	ZIEL
27	Linienaufstellung 	Klemmkette Die Gruppenmitglieder klemmen die Luftballons re und li zwischen die Schultern und bewegen sich so von einer Seite der Halle zur anderen.	Abstimmung mit den Partnern
28	Freie Aufstellung	Atomspiel Mit dem Luftballon nach eigenen Ideen durch die Halle gehen; auf Zuruf Gruppenbildung nach gleicher Luftballonfarbe. Die Gruppe, die zuerst zusammen ist, macht die nächste Übung vor, die dann von den anderen aufgenommen wird.	Reaktionsfähigkeit, Kreativität
29	In der Gruppe dicht zusammenstehen	Luftballontraube Die Luftballons in die Luft werfen, kreuz und quer durcheinandergehen und durch Schlagen mit den Händen alle Luftballons in der Luft halten.	Reaktionsfähigkeit
30	Pendelstaffel (paarweise nebeneinander)	Hindernisparcours Luftballon zwischen Schultern/Hüfte/Knie klemmen und ihn um oder über verschiedene Hindernisse (Keulen, kleine Kästen, Slalomstangen usw.) zur anderen Seite bringen.	Koordination

1.2 Ball (Gymnastikball): Aufwärmen (Prellen im Stand und in der Fortbewegung)

NR.	HINWEISE / ORGANISATION	BESCHREIBUNG	ZIEL
1	Freie Raumaufstellung, jeder hat einen Ball	Den Ball abwechselnd mit der re/li Hand prellen, - im Stand - in der Fortbewegung (vw und rw) - hoch und tief prellen.	Allgemeine Erwärmung, Koordination
2	"	In der Vorwärtsbewegung, auf jeden Schritt einmal prellen; - Ball wechselt die Hand, z.B. nach jeweils drei Schritten bzw. Ballkontakten.	" Kombinationsfähigkeit
3	" 	Am Ort den Ball abwechselnd mit der re/li Hand prellen und um den Ball herumgehen; Schulter der prellenden Hand zeigt zur Kreismitte.	"
4	"	Im Stand den Ball mit beiden Händen vor dem Körper prellen, - in der Hoch-Tiefbewegung.	" Kräftigung der Beinmuskulatur
5	"	Im Seitgalopp (re/li) den Ball mit beiden Händen vor dem Körper prellen, - dasselbe mit einer Hand .	" Kombinationsfähigkeit

NR.	HINWEISE / ORGANISATION	BESCHREIBUNG	ZIEL
6	Freie Raumaufstellung, jeder hat einen Ball und einen Stab	Den Stab mit beiden Händen fassen. Im Vorwärtsgehen den auf dem Boden liegenden Ball mit dem Stab auf dem Boden entlang rollen	Koordination
7	"	Den Stab abwechselnd mit der re/li Hand fassen und im Stand den auf dem Boden liegenden Ball mit dem Stab um den Körper herumführen.	Koordination und Gewandtheit
8	Freie Raumaufstellung, jeder hat einen Ball	Den Ball abwechselnd mit dem re/li Fuß führen (Fußinnen-, -außenseite, -rist).	Fußbeweglichkeit und -geschicklichkeit
9	"	Den Ball abwechselnd mit der re/li Fußsohle wegrollen, neben dem Ball herlaufen und mit dem Fuß wieder stoppen.	"
10	Im Seitgrätschstand, jeder hat einen Ball	Den Ball vor dem Körper nach re/li rollen, mehrere Seitgalopphüpfer ausführen und den Ball wieder aufnehmen.	Rumpfbeweglichkeit, Kräftigung der Beinmuskulatur, Kombinationsfähigkeit

1.2 Ball (Gymnastikball): Werfen und Fangen

NR.	HINWEISE / ORGANISATION	BESCHREIBUNG	ZIEL
11	Freie Raumaufstellung, jeder hat einen Ball 	Kreuz und quer durch den Raum gehen. Den Ball mit beiden Händen hochwerfen und wieder fangen.	Kräftigung der Arm-, Schulter- und Rumpfmuskulatur, Ballgeschicklichkeit
12	"	Wie vorangehende Übung, jedoch den Ball vor dem Fangen auf dem Boden prellen lassen.	" Reaktionsfähigkeit
13	"	Kreuz und quer durch den Raum gehen. Den Ball abwechselnd re/li abwerfen und mit einer Hand wieder fangen.	" Geschicklichkeit
14	"	<u>Bewegungsverbindungen:</u> Den Ball aus dem Schwung in der Sagittalen vor dem Körper von der re in die li Hand werfen und dabei vorwärtsgehen, - z.B. im 2er- oder 3er-Schrittrhythmus	" Kombinationsfähigkeit
15	" 	Den Ball über Kopf von der re in die li Hand werfen, dabei Seitkreuzschritte ausführen.	"

NR.	HINWEISE / ORGANISATION	BESCHREIBUNG	ZIEL
16	Freie Aufstellung	Im Stand: Der Ball liegt in der Vorhalte auf den Handflächen. Hochwerfen des Balles und mit den Handrücken wieder auffangen. Dasselbe umgekehrt.	Ballgeschicklichkeit
17	" 	Im Stand: Arme befinden sich in der Seithalte, der Ball liegt auf der Handfläche. Mit dem ausgestreckten Arm 1/1 Drehung nach innen ausführen, ohne den Ball zu verlieren. Dasselbe gegengleich.	Beweglichkeit der Arme und Schultern, Geschicklichkeit
18	"	Ball auf die Handfläche legen und in die Hochhalte führen. Im höchsten Punkt die Finger unter dem Ball zusammenziehen, ausbalancieren und dann die Hand wieder öffnen.	" Kräftigung der Finger
19	"	Ball mit beiden Händen nach oben führen und hinter dem Kopf auf den Schultern auflegen. Rumpf vorbeugen; den Ball über den Rücken rollen lassen und von unten mit den Händen wieder auffangen.	Koordination
20	"	Ball liegt auf dem Handrücken der li Hand. Mit der re Hand den Ball am li Arm hinauf- und hinter dem Kopf entlang auf die Gegenschulter rollen. Handwechsel und den Ball über den re Arm bis zu den Fingern hinunterrollen. Dasselbe gegengleich.	Beweglichkeit der Arme und Schultern, Ballgeschicklichkeit

1.2 Ball (Gymnastikball): Übungen im Stand

NR.	HINWEISE / ORGANISATION	BESCHREIBUNG	ZIEL
21	Freie Aufstellung	Grätschstand: Den Ball in Achterkreisen durch die gegrätschten Beine herumgeben; dabei Gewichtsverlagerung vom re auf das li Bein; - von vorn nach hinten, - von hinten nach vorn.	Rumpfbeweglichkeit, Kräftigung der Beinmuskulatur, Koordination
22	"	Wie vorangehende Übung, jedoch den Ball durch die gegrätschten Beine rollen.	" Dehnung der Rückseite
23	"	Im Stand: Den Ball um den Körper herum prellen, dabei vor und hinter dem Körper Handwechsel.	Kräftigung der Arm-Schultermuskulatur, Mobilisation der Wirbelsäule
24	"	Grätschstand: Den Ball vor dem Körper mit einem Ballkontakt von re nach li prellen, dabei Gewichtsverlagerung vom re auf das li Bein.	Kräftigung der Arm-, Schulter-, Rumpf- und Beinmuskulatur; Koordination
25	" 	Ball unter dem vor-hoch-gespreizten re/li Bein von re nach li prellen.	Dehnung und Kräftigung der Beinmuskulatur; Koordination

NR.	HINWEISE / ORGANISATION	BESCHREIBUNG	ZIEL
26	Freie Aufstellung	Den Ball aus der Seithalte über Kopf in die andere Hand übergeben und diese in die Seithalte führen; dasselbe gegengleich.	Dehnung und Kräftigung der Arm-Schultermuskulatur
27	"	Wie vorangehende Übung, jedoch den Ball von re nach li über den Kopf werfen.	" Koordination
28	" 	Bewegungsverbindung: Im Grätschstand den Ball über Kopf von re nach li werfen und dann vor dem Körper von li nach re prellen; - dasselbe gegengleich.	" Kombinationsfähigkeit
Eigene Idee			

1.2 Ball (Gymnastikball): Übungen im Stand

NR.	HINWEISE / ORGANISATION	BESCHREIBUNG	ZIEL
29	Freie Aufstellung 	Den Ball vor dem Körper aus der Seitüber die Tief- zur Seithalte überwerfen; dabei zeigen die Handrücken nach oben. - Dasselbe, jedoch den Ball von re nach li über den Boden rollen.	Kräftigung der Rumpfmuskulatur, Koordination
30	"	Ball in der Horizontalebene um den Körper herumgeben, dabei vor und hinter dem Körper Handwechsel.	Beweglichkeit, Koordination
31	" 	Im Stand: Ball auf den Boden legen und im Wechsel mit dem re/li Fuß in verschiedene Richtungen rollen (Fuß bleibt im Ballkontakt). - Dasselbe, jedoch den Ball mit der re/li Hand führen.	Gleichgewicht, Fußgeschicklichkeit Rumpfbeweglichkeit

NR.	HINWEISE / ORGANISATION	BESCHREIBUNG	ZIEL
32	Hocksitz	Den Ball mit den Füßen so weit wie möglich nach vorn rollen und wieder ganz nah zum Körper zurückholen. - Den Ball weit zur Seite nach re und li rollen.	Kräftigung der Bauch- und Beinmuskulatur
33	"	Den Ball mit den Händen unter den angewinkelten Beinen hindurch- und um die Füße herumrollen. Im Wechsel re und li herum.	Dehnung der Rückseite
34	"	Den Ball auf die Füße legen und durch Anheben und Senken der Unterschenkel den Ball auf den Schienbeinen hin- und herrollen.	Kräftigung der Bauch-, Gesäß- und Beinmuskulatur
35	Hocksitz	Anheben der gebeugten Beine und den Ball von re nach li unter ihnen hindurchrollen.	"
36	"	Ball zwischen die Füße klemmen und Anheben der gebeugten Beine. Durch kleine Scherbewegungen der Beine den Ball abwechselnd auf den re bzw. li Fußrist rollen.	" Geschicklichkeit

1.2 Ball: Übungsformen im Liegen

NR.	HINWEISE / ORGANISATION	BESCHREIBUNG	ZIEL
37	Bauchlage	Arme sind nach vorn ausgestreckt. Mit beiden Händen den Ball zum Körper hin rollen und wieder zurück. Blick bleibt zum Boden gesenkt. Auf Atmung achten!	Dehnung der Vorderseite, Kräftigung der Rückseite
38	" 	Arme in der Seithalte: Den Ball mit ausgestreckten Armen von li über vorn nach re rollen und umgekehrt; - auch mit beiden Händen am Ball.	Kräftigung der Arme und Schultern
39	Rückenlage 	Ball zwischen die Füße klemmen. Beine anziehen und in die Senkrechte strecken. In umgekehrter Reihenfolge zum Boden führen.	Kräftigung der Bauch-muskulatur

NR.	HINWEISE / ORGANISATION	BESCHREIBUNG	ZIEL
40	Mit dem Partner auf freien Raumwegen, jeder hat einen Ball. 	Partner in Handfassung nebeneinander. Vorwärtsgehen und dabei mit der freien Hand den Ball prellen. Die Hände sollten nicht losgelassen werden.	Abstimmung mit dem Partner, Koordination
41		Wie vorangehende Übung; Partner prellen über Kreuz ihren Ball dem Partner zu.	"
42	"	Wie vorangehende Übung, aber im Seitgalopp.	"
43	"	Die Partner prellen ihren Ball und versuchen, gleichzeitig den Ball des Partners wegzuschlagen.	Geschicklichkeit, Reaktions- und Bewegungsschnelligkeit
44	Mit dem Partner auf freien Raumwegen, jedes Paar hat 1 Ball	Partner gehen mit Handfassung vorwärts. Ein Partner hat die Augen geschlossen und prellt mit der freien Hand den Ball. Der andere Partner führt diesen durch den Raum.	Taktile Sensibilisierung, Abstimmung mit dem Partner

1.2 Ball: Partnerübungen in der Fortbewegung

NR.	HINWEISE / ORGANISATION	BESCHREIBUNG	ZIEL
45	Jedes Paar hat einen Ball 	Partner werfen sich den Ball ein-/beihändig zu und bewegen sich kreuz und quer durch den Raum.	Abstimmung mit dem Partner, Koordination, Raumorientierung
46	"	Wie vorangehende Übung, jedoch den Ball dem Partner zurollen, zwischen dem Rollen wieder aufrichten.	"
47	"	Partner bewegen sich mit Handfassung vorwärts und kicken sich den Ball zu.	" Fußgeschicklichkeit
48	"	Partner A führt den Ball mit den Füßen durch den Raum, Partner B versucht, den Ball mit den Füßen abzunehmen.	Gewandtheit, Reaktions- und Bewegungsschnelligkeit

NR.	HINWEISE/ORGANISATION	BESCHREIBUNG	ZIEL
49	Partner stehen Rücken an Rücken, pro Paar ein Ball	Die Partner klemmen den Ball zwischen den Rücken und bewegen sich durch den Raum, ohne den Ball zu verlieren: - einer geht vw, der andere rw, das gleiche mit Rumpfbeugen vw bzw. rw und sw.	Abstimmung auf den Partner, Geschicklichkeit
50	Partner stehen sich gegenüber, pro Paar ein Ball	Den Ball über die Rumpfvorbeuge an den Partner übergeben. Auf geraden Rücken hinweisen!	Kräftigung der Rumpfmuskulatur, Dehnung der rückwärtigen Beinmuskulatur
51	Partner sitzen sich im Strecksitz gegenüber, pro Paar ein Ball	A rollt den Ball an der Außenseite eines Beines zu B und übergibt den Ball. B rollt den Ball hinter dem Rücken zur anderen Seite und übergibt an A und zurück.	"
52	"	Den Ball durch Rumpfvorbeuge an den Partner weitergeben. Auf geraden Rücken hinweisen!	"
53	Partner sitzen sich im Hocksitz gegenüber, pro Paar ein Ball	Den Ball mit den Füßen an den Partner weitergeben.	Geschicklichkeit, Kräftigung der Bein- und Bauchmuskulatur

1.2 Ball: Partnerübungen

NR.	HINWEISE / ORGANISATION	BESCHREIBUNG	ZIEL
54	Partner stehen sich mit Handfassung gegenüber, pro Paar ein Ball 	Ball auf die ausgestreckten Arme legen. Durch abwechselndes Beugen und Strecken der Beine rollt der Ball hin und her.	Abstimmung auf den Partner, Kräftigung der Beinmuskulatur
55	" 	Ausgangshaltung wie vorangehende Übung, Arme schwingen weit nach re und li, ohne daß der Ball herunterfällt.	Abstimmung auf den Partner, Geschicklichkeit, Kräftigung der Arm- und Schultermuskulatur
56	" 	Ausgangshaltung wie vorangehende Übung. Ball mehrmals hintereinander hochwerfen und fangen; - zwischendurch auf den Boden prellen lassen, - auf den Boden prellen, ohne die Handfassung zu lösen.	"
57	Partner stehen Rücken an Rücken, pro Paar ein Ball	Der Ball wird mit ausgestreckten Armen über den Kopf von A nach B gereicht. Dieser gibt den Ball durch die gegrätschten Beine an A zurück.	Kräftigung der Arm-Schulter- und Rumpfmuskulatur
58	"	Rumpfdrehen und den Ball mit beiden Händen an einer Körperseite dem Partner übergeben.	Mobilisation der Wirbelsäule

NR.	HINWEISE / ORGANISATION	BESCHREIBUNG	ZIEL
59	Partner stehen sich gegenüber; jedes Paar hat einen Ball.	Partner werfen sich den Ball in verschiedenen Formen ein-/beidhändig zu, z.B.: - mit beiden Händen über den Kopf, - Druckpaß beidhändig und re/li, - über unten mit der re/li Hand, - mit einer Hand unter einem Bein hindurch, - den Ball in der Mitte aufprellen (Bodenpaß), - hinter dem Rücken mit einer Hand, - Schockwurf.	Gewandtheit, Abstimmung mit dem Partner
60	Der werfende Partner steht mit dem Rücken zum Partner der fängt. Jeweils beim Wechsel drehen.	Partner A wirft den Ball rückwärts über den Kopf zu Partner B, - auch rückwärts durch die Beine.	"

Es ist nie zu früh und (ganz) selten zu spät!

1.2 Ball: Spielerische Übungsformen

NR.	HINWEISE / ORGANISATION	BESCHREIBUNG	ZIEL
61	Kreisform, jeder hat einen Ball 	Prellkreis: Alle Spieler stehen zunächst mit der re Schulter zur Kreismitte und prellen den Ball mit der re Hand. Auf Kommando des Spielleiters wird der Ball zum nächsten Spieler weiter nach hinten geprellt. Variationen: - 2 oder 3 Spieler nach hinten prellen, - den Ball vw prellen, - Wechsel der Bewegungsrichtung und der Prellhand, - der Spieler verläßt seinen Ball und geht einen Ball nach vorn bzw. nach hinten.	Reaktions- und Bewegungs-schnelligkeit
62	Mannschaften nebeneinander	Ball-Staffel: Der Ball soll unter verschiedenen Aufgabenstellungen von jedem Spieler über eine festgelegte Strecke transportiert werden: - auf beiden Handrücken balancieren, - auf einer Hand (Innenfläche) balancieren, - mit den Füßen führen, - über den Kopf von re nach li werfen.	Geschicklichkeit, Bewegungs-schnelligkeit

NR.	HINWEISE / ORGANISATION	BESCHREIBUNG	ZIEL
1	Stirnkreis 	Pushball mit beiden Händen nach re/li weiterrollen; - den Ball gezielt zu einem Mitspieler rollen, dessen Name vorher genannt wird.	Ballgewöhnung, Koordination, Kennenlernen der Gruppe
2	Gasse	Den Ball mit einem Bodenkontakt im Zickzackkurs zum gegenüberstehenden Mitspieler prellen.	Kräftigung der Arm-Schulter-Rumpfmuskulatur, Koordination
3	" Die Paare stehen dicht nebeneinander 	Die sich gegenüberstehenden Spieler fassen die Hände. Der Ball wird über die ausgestreckten Arme von einem Paar zum anderen bis ans Ende der Gasse gerollt. Das letzte Paar rollt ihn durch die Gasse zurück.	Koordination, Kooperation
4	Linie	Den Ball vor dem Körper mit beiden Händen an den Nachbarn weiterreichen bis ans Ende der Gruppe. Auf dem Rückweg wird der Ball hinter dem Körper vorbei wieder nach vorn gerollt.	" Geschicklichkeit, Gewandtheit
5	In Reihe 	Den Ball über Kopf bis ans Ende der Gruppe weiterreichen. Der Letzte steht auf, läuft nach vorn, rollt dabei den Ball an den Mitspielern vorbei und setzt sich vor die Gruppe.	"

1.2 Ball (Medizinball): Aufwärmübungen

NR.	HINWEISE / ORGANISATION	BESCHREIBUNG	ZIEL
1	Freie Aufstellung 	In der Vorwärtsbewegung: Um die auf dem Boden liegenden Bälle herumgehen und diese nacheinander mit verschiedenen Körperteilen berühren - Fuß - Knie - Ellenbogen u.a.	Allgemeine Erwärmung und Kräftigung, Koordination
2	" 	Zügig vorwärtsgehen und den Medizinball mit beiden Händen in der Hochhalte auf dem Kopf tragen.	" Haltungsschulung
3	"	Im Vorwärtsgehen: Ball vor dem Körper von der re in die li Hand und umgekehrt übergeben.	Kräftigung der Arm-, Schulter- und Rumpfmuskulatur
4	"	Im Vortwärtsgehen: Ball unter dem hochgeführten Bein von einer Hand in die andere geben.	" Koordination
5	"	Vorwärtsgehen und den Ball mit den Händen auf dem Boden rollen.	Kräftigung und Gewandtheit

NR.	HINWEISE / ORGANISATION	BESCHREIBUNG	ZIEL
6	Grätschstand 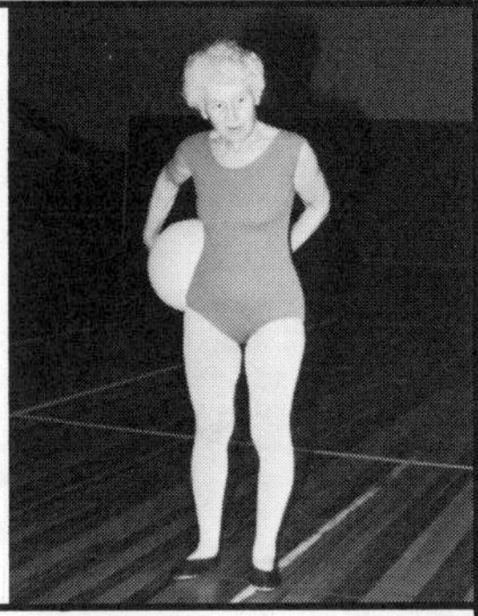	Medizinball in Hüfthöhe um den Körper herumgeben - Handwechsel vorn und hinten.	Kräftigung der Arm- und Schulter-muskulatur
7	"	Wie vorangehende Übung, aber das Becken kreist um den Ball.	" Beweglichkeit der Wirbel-säule, Gewandtheit
8	"	Ball in Achterkreisen um die gegrätschten Beine herumrollen; mit Gewichtsverlagerung re/li.	Beweglichkeit des Rumpfes, Kräftigung der Beinmuskulatur, Gewandtheit
9	Schlußstand	Ball um die geschlossenen Beine auf dem Boden herumrollen. Beine werden dabei abwechselnd gebeugt und gestreckt.	Beweglichkeit des Rumpfes, Dehnung der rückwärtigen Beinmuskulatur, Gewandtheit
10	" 	Arme in Hochhalte: Wechselseitiges Vor-Hochspreizen der Beine, dabei den Ball in die Vorhalte senken, so daß der Fuß den Ball berührt.	Kräftigung der Arm-, Schulter- und Rumpf-muskulatur, Dehnung der Beinmuskulatur

1.2 Ball (Medizinball): Übungen im Stand

NR.	HINWEISE / ORGANISATION	BESCHREIBUNG	ZIEL
11	Freie Aufstellung	Im Stand: Ball vor dem Körper mit beiden Händen fassen, fallen lassen und mit beiden Händen lautlos wieder fangen.	Geschicklichkeit, Reaktion
12	"	Wie vorangehende Übung, dabei Ball leicht anwerfen - über dem Ball in die Hände klatschen - und wieder fangen.	"
13	Grätschstand 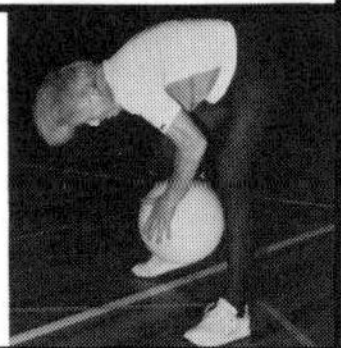	Ball zwischen den Beinen mit einer Hand von vorn, mit der anderen von hinten fassen. Leichtes Anwerfen des Balles, Griffwechsel und wieder fangen.	"
14	Freie Aufstellung 	Den Ball mit gebeugten Armen hinter dem Kopf halten. Ball hochwerfen und vor dem Körper wieder fangen.	Kräftigung der Arm-Schulter-Rumpfmuskulatur
15	Grätschstand	**Ball in Hochhalte: Langsames Rumpfvorbeugen, dabei den Ball durch die gegrätschten Beine nach hinten führen und wieder aufrichten.**	" Dehnung der Rückseite

NR.	HINWEISE / ORGANISATION	BESCHREIBUNG	ZIEL
16	Strecksitz	Der Ball wird zwischen den Füßen gehalten. Wechselseitiges Beugen und Strecken der Beine, dabei den Ball am Boden entlang vor- und zurückschieben.	Kräftigung der Bauch und Beinmuskulatur
17	"	Der Ball wird zwischen den Füßen gehalten. Durch Anheben der gebeugten Beine den Ball möglichst weit zur Seite nach re und li legen.	Kräftigung der schrägen Bauchmuskulatur
18	Rückenlage mit aufgestellten, angewinkelten Beinen	Ball wird zwischen die Füße geklemmt - die Hände liegen auf den Oberschenkeln. Durch Rumpfeinrollen Hände auf den Oberschenkeln entlang führen bis zu den Knien und wieder langsam nach hinten abrollen.	Kräftigung der Bauchmuskulatur
19	Grätschsitz	Hände fassen den Ball in der Hochhalte. Rumpfvor- und -rückbeugen, dabei darauf achten, daß der Rücken gerade bleibt.	Kräftigung der Bauch- und Rückenmuskulatur
20	"	Ball liegt zwischen den gegrätschten Beinen auf dem Boden. Ball mit den Händen weit nach vorn und mit den Füßen zurückrollen.	Dehnung der Rückseite, Kräftigung der Vorderseite

1.2 Ball (Medizinball): Übungen in der Bauch- und Rückenlage

NR.	HINWEISE / ORGANISATION	BESCHREIBUNG	ZIEL
21	Bauchlage 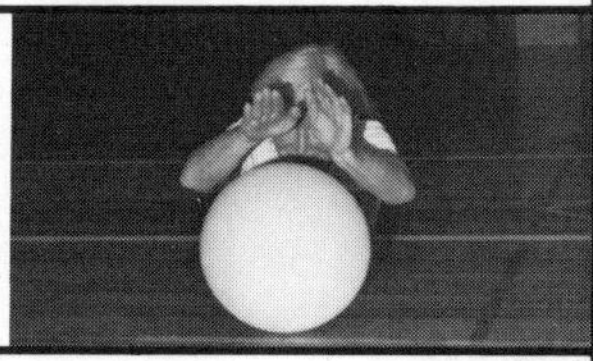	Einen Arm nach dem anderen gestreckt von li nach re über den Ball führen und zurück. Dabei leichtes Anheben des Rumpfes, Beine bleiben fest am Boden. Blick bleibt zum Boden gerichtet.	Kräftigung der Muskulatur des Schultergürtels und der Rückenmuskulatur
22	"	Beide Hände fassen den Ball. Anheben des Balles mit gestreckten Armen und wieder ablegen. Blick bleibt zum Boden gerichtet.	"
23	"	Beide Hände fassen den Ball. Im Wechsel den Ball vor dem Kopf und wieder mit gestreckten Armen ablegen. Blick bleibt zum Boden gerichtet.	"
24	Rückenlage	Ball zwischen den Unterschenkeln festklemmen, Füße stehen auf dem Boden. Beine gebeugt in die Senkrechte führen und in die Ausgangsposition zurück.	Kräftigung der Bauch- und Rückenmuskulatur

Sport ist Spiel! Viele haben das vergessen!

NR.	HINWEISE / ORGANISATION	BESCHREIBUNG	ZIEL
25	Strecksitz: Fußsohlen gegeneinander, 1 Ball	A rollt den Ball an der re Körperseite entlang zu B. Beide beugen dabei den Rumpf weit nach vorn. B übernimmt den Ball, rollt ihn hinter dem Rücken vorbei und übergibt ihn an der anderen Seite an A.	Geschicklichkeit, Dehnung der Rückseite
26	Wie vorangehende Übung, die Hände werden seitlich neben dem Körper aufgestützt, der Ball liegt auf den Oberschenkeln von A.	A rollt den Ball durch leichtes Anheben der Hüften über die gestreckten Beine zu B. B rollt den Ball durch Anheben der Füße zum Körper; dasselbe gegengleich wiederholen.	Dehnung und Kräftigung der Bauchmuskulatur
27		Fußspitzen berühren sich, der Ball liegt auf den Oberschenkeln von A. A rollt den Ball über die Oberschenkel durch Anheben des Beckens zu B und umgekehrt.	Kräftigung der Bauch-, Gesäß- und Beinmuskulatur
28	Strecksitz: paarweise nebeneinander!	A rollt den Ball unter den angehobenen gebeugten Beinen zu B. B rollt ihn von der anderen Seite zurück.	Kräftigung der Bauchmuskulatur, Koordination
29	Hocksitz: paarweise gegenüber, Abstand ca. 2 m	Der Ball wird mit den Füßen zum Partner gerollt; - mit beiden Füßen gleichzeitig - im Wechsel mit dem re/li Fuß.	Kräftigung der Bauch- und Beinmuskulatur

1.2 Ball (Medizinball): Partnerübungen

NR.	HINWEISE / ORGANISATION	BESCHREIBUNG	ZIEL
30	Paarweise gegenüberstehen, 1 Ball	Zurollen des Balles - mit beiden Händen, - abwechselnd mit der re/li Hand, - mit dem Fuß re/li.	Kräftigung der Arm-, Schulter- und Rumpf-muskulatur, Gewandtheit, Kräftigung der Beinmuskulatur
31	A steht mit dem Rücken zu B	Den Ball rückwärts durch die gegrätschten Beine rollen.	Beweglichkeit der Wirbel-säule, Dehnung der rückwärtigen Muskulatur
32	"	Den Ball rückwärts durch die gegrätschten Beine werfen.	" Kräftigung der Arm-, Schulter- und Rumpfmusku-latur
33	" 	Den Ball mit beiden Händen rückwärts über Kopf zum Partner werfen.	Dehnung der Vorderseite, Kräftigung der Rückseite
34	Paarweise gegenüberstehen	Zuwerfen des Balles - Druckpass - Über-Kopf-Pass - Stoßen re/li im Wechsel.	Kräftigung der Arm-, Schulter-Rumpfmuskulatur

NR.	HINWEISE / ORGANISATION	BESCHREIBUNG	ZIEL
35	Partner stehen nebeneinander, 1 Ball	Ball mit beiden Händen in der Hochhalte fassen. Rumpfseitbeugen nach außen und Übergeben des Balles beim Seitbeugen nach innen.	Kräftigung der Arm- und Schultermuskulatur, Flankendehnung
36	" Abstand vergrößern	Wie vorangehende Übung, aber beim Innenschwung den Ball mit der äußeren Hand dem Partner zuwerfen.	" Koordination
37	Rücken an Rücken stehen	A übergibt den Ball durch die gegrätschten Beine an B. B führt ihn über die Vorhalte und reicht ihn über Kopf an A zurück.	"
38	Abstand ca. 1 m	A dreht den Rumpf nach re, B nach li; der Ball wird an der Körperseite übergeben; dann gegengleich.	Kräftigung der Arm-, Schulter- und Rumpfmuskulatur, Mobilisation der Wirbelsäule
39	" 	Rumpfdrehen nach rechts und Übergeben des Balles hinter dem Körper an den Partner; dann gegengleich.	"

1.2 Ball (Medizinball): Spielerische Übungsformen

NR.	HINWEISE / ORGANISATION	BESCHREIBUNG	ZIEL
40	Reihenaufstellung im Grätschstand	Der Ball wird durch die gegrätschten Beine zum Letzten in der Reihe gerollt. Dieser läuft mit dem Ball in der Hand nach vorn und wiederholt den Übungsablauf. Das Spiel ist beendet, wenn alle wieder in ihrer Ausgangsposition stehen; - dasselbe, dabei den Ball über Kopf nach hinten reichen, - dasselbe, dabei den Rumpf drehen und den Ball im Wechsel an der re und li Körperseite übergeben.	Allgemeine Kräftigung und Gewandtheit
41	"	Wie vorangehende Übung, jedoch wird der Ball im Wechsel durch die gegrätschten Beine gerollt und dann über Kopf an den nächsten weitergereicht.	Allgemeine Kräftigung und Koordination
42	Reihe im Hocksitz, Abstand zum Vordermann ca. 1 m	Den Medizinball im Slalom um die einzelnen Mitspieler herumrollen bis zum letzten in der Gruppe. Dieser rollt den Ball an der Seite der Reihe entlang nach vorn und wiederholt den Übungsablauf.	Mobilisation der Wirbelsäule, Koordination

NR.	HINWEISE / ORGANISATION	BESCHREIBUNG	ZIEL
43	In Linie im Hocksitz nebeneinander	Im Hocksitz den Ball unter den Beinen hindurch zum letzten Spieler rollen und hinter dem Körper wieder zurück zum ersten. Als Spielform z.B. Anzahl der Durchgänge festlegen.	Gewandtheit, Reaktion
44	"	Wie vorangehende Übung, jedoch den Ball unter den angehobenen Beinen zum letzten Spieler rollen und auf dem Rückweg seitwärts über Kopf an den Nachbarn weiterreichen.	"
45	Außenstirnkreis	Im Stand: Den Ball nach re/li weitergeben. Plötzliche Richtungswechsel erwünscht.	Koordination, Reaktionsschulung
Eigene Ideen			

1.2 Ball (Tennisball): Übungen im Stand

NR.	HINWEISE / ORGANISATION	BESCHREIBUNG	ZIEL
1	Im Stand, jeder einen Tennisball 	"Wolle wickeln": Den Tennisball in beiden Richtungen um die Hände kreisen lassen.	Geschicklichkeit
2	" 	Den Tennisball auf zwei ausgestreckten Fingern balancieren (Unter- und Oberseite).	"
3	" 	Einen Fuß unbelastet auf den Tennisball stellen und ihn in verschiedene Richtungen rollen.	" Gleichgewicht, Fußbeweglichkeit

NR.	HINWEISE/ORGANISATION	BESCHREIBUNG	ZIEL
4	Im Stand, jeder einen Tennisball 	Verschiedene Wurfformen: - mit beiden Händen werfen und fangen, - mit einer Hand werfen und fangen, - von der re in die li Hand über den Kopf, - hinter dem Rücken über den Kopf nach vorn werfen.	Gleichgewicht, Fußbeweglichkeit
5	2 Mannschaften, jeder 1 Tennisball	<u>Zielwerfen</u> Von einer Markierung soll jeder Spieler seinen Ball in ein Gefäß werfen, z.B umgedrehter (kleiner) Kasten oder Eimer. Getroffene Bälle zählen.	Zielgenauigkeit
	Zahlreiche weitere Spiel- und Übungsformen (einzeln und mit Partner) kann man von den Aufgaben mit Gymnastikball, Softball und Säckli ableiten.		

1.3 Säckli: Aufwärmen/Gehen

NR.	HINWEISE / ORGANISATION	BESCHREIBUNG	ZIEL
1	Freie Raumwege 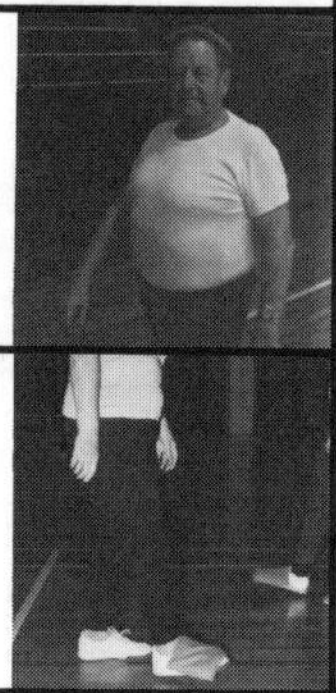	Säckli nacheinander auf Schulter und Kopf legen; dabei mit unterschiedlichen Geschwindigkeiten durch den Raum gehen; - vw und rw, - mit großen und kleinen Schritten.	Allgemeine Erwärmung, Raumorientie-rung, Objekt-gleichgewicht
2	"	Säckli abwechselnd auf den re und li Fuß legen, dabei Vorwärts- und Rückwärts-gehen.	Objektgleich-gewicht
3	"	Im Vorwärtsgehen Säckli abwerfen und fangen; - auch im Rückwärts- und Seitwärtsgehen.	" Koordination
4	"	<u>"Chinesengang"</u> Säckli zwischen die Knie klemmen und Vorwärtsgehen.	Gewandtheit
5	"	Säckli abwechselnd mit dem re und li Fuß durch den Raum schieben.	Fußgeschick-lichkeit

NR.	HINWEISE / ORGANISATION	BESCHREIBUNG	ZIEL
6	Stand/Sitz	Säckli auf den Kopf legen, hinsetzen und wieder aufstehen.	Gewandtheit
7	Stand	Säckli auf den Kopf legen, Rumpfdrehen nach re und li bei fixierten Hüften.	Gewandtheit, Mobilisation der Wirbelsäule
8	"	Säckli im Nacken mit beiden Händen fassen: Hände mit Säckli in die Hochhalte und wieder zurückführen.	Dehnung und Kräftigung der Arm- und Schultermuskulatur
9	"	Wie vorangehende Übung, aber mit Rumpfdrehen nach re und li.	"

Das Bequeme ist selten das Richtige!

1.3 Säckli: Übungsformen im Stand

NR.	HINWEISE / ORGANISATION	BESCHREIBUNG	ZIEL
10	Grätschstand	Säckli in Achterform um die Beine geben, - in Kniehöhe, - auf dem Boden entlang.	Dehnung der rückwärtigen Muskulatur, Gewandtheit
11	Stand 	Säckli auf den Hinterkopf legen und in die Rumpfvorbeuge gehen.	Koordination, Dehnung und Kräftigung der rückwärtigen Muskulatur
12	"	Säckli mit einem Fuß möglichst weit nach re/li, vw/rw schieben und wieder heranholen.	Koordination, Gleichgewicht, Dehnung und Kräftigung der Beinmuskulatur
13	"	Wie vorangehende Übung: Säckli im Halbkreis von re nach li schieben; - je 1 Kreis vor und hinter dem Körper (Achterkreise).	"
14	"	Säckli auf einen Fuß legen und das Bein in verschiedenen Formen/Ebenen möglichst weit um den Körper führen, ohne das Säckli zu verlieren.	"

NR.	HINWEISE / ORGANISATION	BESCHREIBUNG	ZIEL
15	Freie Raumaufstellung	Säckli vor dem Körper mit beiden Händen - zusammendrücken, - kneten und - ziehen.	Beweglichkeit und Kräftigung der Finger
16	" 	Säckli auf re/li Schulter legen und den Kopf so weit wie möglich zum Säckli neigen. Schultern bleiben unten!	Beweglichkeit der HWS
17	"	Säckli auf re/li Schulter legen, Schultern heben und senken; - auch mit kleinen Kreisbewegungen möglich.	Beweglichkeit der Schultern
18	"	Säckli zwischen Kinn und Brustbein klemmen.	Beweglichkeit der HWS
19	"	Im Schlußstand Säckli in verschiedenen Ebenen um den Körper kreisen; - Knöchel, - Hals, - Knie - Kopf - Becken.	Geschicklichkeit

1.3 Säckli: Werfen/Fangen

NR.	HINWEISE / ORGANISATION	BESCHREIBUNG	ZIEL
20	Stand	Säckli auf beide Handrücken legen, hochwerfen und mit den Handinnenflächen auffangen. Gegengleiches Werfen und Fangen.	Geschicklichkeit
21	"	Säckli mit beiden Händen von unten hochwerfen und von oben wieder auffangen.	Koordination, Reaktionsschnelligkeit
22	" 	Säckli mit einer Hand hochwerfen und auch wieder auffangen.	"
23	Grätschstand	Säckli über den Kopf von der re in die li Hand werfen; - auch mit Gewichtsverlagerung.	"
24	Stand	Säckli mit einer Hand hochwerfen, mehrere Male in die Hände klatschen und wieder auffangen.	"

NR.	HINWEISE / ORGANISATION	BESCHREIBUNG	ZIEL
25	Stand	In der Vorhalte Säckli fallen lassen und kurz vor dem Boden wieder auffangen.	Geschicklichkeit, Reaktionsschnelligkeit
26	"	Säckli aus der Rückhalte mit beiden Händen über den Kopf nach vorn werfen und auffangen.	Koordination
27	"	Säckli mit einer Hand unter einem Bein hindurch hochwerfen und auffangen.	Koordination, Gleichgewicht
28	Grätschstand	Säckli aus der Seithalte vor dem Körper über die Tiefhalte von der re in die li Hand werfen; - auch mit Gewichtsverlagerung.	Koordination
29	Stand 	Säckli in der Sagittalebene schwingen, in der Vorhalte abwerfen, mit der anderen Hand auffangen, wieder rück- und vorschwingen usw.	"

1.3 Säckli: Werfen/Fangen

NR.	HINWEISE / ORGANISATION	BESCHREIBUNG	ZIEL
30	Stand	Säckli auf einen Fuß legen, abwerfen und mit einer/mit beiden Händen auffangen.	Gewandtheit
31		Verschiedene Wurfarten auch mit dem Partner möglich; siehe Tuch oder Bälle.	
Eigene Ideen			

NR.	HINWEISE / ORGANISATION	BESCHREIBUNG	ZIEL
32	Hocksitz	Säckli zwischen die Füße klemmen, Beine anheben und wieder senken.	Kräftigung der Bein- und Bauchmuskulatur
33	"	Wie vorangehende Übung: Säckli mit den Füßen nach re/li ablegen.	"
34	Strecksitz	Säckli auf den Fußrist legen, Beine nacheinander gestreckt anheben und wieder senken.	"
35	"	Säckli in beiden Händen: Rumpfdrehen nach re und Säckli hinter dem Rücken ablegen, Rumpfdrehen nach li und Säckli wieder aufnehmen, auch gegengleiche Ausführung.	Mobilisation der Wirbelsäule
36	Hocksitz	Säckli auf die Knie legen, mit dem Kopf versuchen, das Säckli zu berühren.	Dehnung der Rückenmuskulatur

1.3 Säckli: Partnerübungen

NR.	HINWEISE / ORGANISATION	BESCHREIBUNG	ZIEL
37	Partner stehen nebeneinander 	Partner klemmen das Säckli zwischen die Schultern und gehen kreuz und quer durch den Raum.	Abstimmung mit dem Partner
38	Paarweise gegenüber 	Partner A legt das Säckli auf einen Fuß und versucht, es auf den Fuß von Partner B zu legen.	" Gleichgewicht, Geschicklichkeit
39	Partner stehen in Grätschstellung Rücken an Rücken	Das Säckli über den Kopf (A) und durch die gegrätschten Beine (B) dem Partner übergeben.	" Dehnung und Kräftigung der Rückseite
40	Partner sitzen sich im Grätschsitz/Strecksitz gegenüber.	Partner A übergibt das Säckli an Partner B. Auf geraden Rücken achten!	Dehnung der Rückseite
41	Partner in Bauchlage gegenüber	Partner A hebt seinen Oberkörper leicht an und legt das Säckli mit beiden Händen auf die Schulter von Partner B.	Kräftigung der Rückseite, Dehnung der Vorderseite

NR.	HINWEISE / ORGANISATION	BESCHREIBUNG	ZIEL
42	2 Mannschaften mit beliebiger Teilnehmerzahl	<u>Eisstockschießen</u> Säckli sollten (z.B. mit farbiger Kreide) markiert werden. Jede Mannschaft versucht von einer festgelegten Linie durch Werfen ihrer Säckli die angegebene Zielmarkierung zu erreichen.	Geschicklichkeit, Bewegungsgenauigkeit

1.4 Tennisring: Aufwärmübungen

NR.	HINWEISE / ORGANISATION	BESCHREIBUNG	ZIEL
1	Freie Aufstellung: die Tennisringe liegen auf dem Boden	Um die Tennisringe herumgehen. Abwechselnd re/li Ferse in den Ring hineinstellen, kurz ausbalancieren und weitergehen.	Erwärmung der Muskulatur, Gleichgewicht
2	" 	Wie vorangehende Übung, jedoch im Ballenstand ausbalancieren.	"
3	"	Im Slalom vw/rw um die Tennisringe herumgehen und auf Zuruf zu seinem eigenen Tennisring zurückkehren.	Raumorientierung
4	Mit den Fersen auf den Ring stellen	Mit kleinen Seitschritten um den Tennisring herumgehen.	Koordination
5	Mit den Ballen auf den Ring stellen 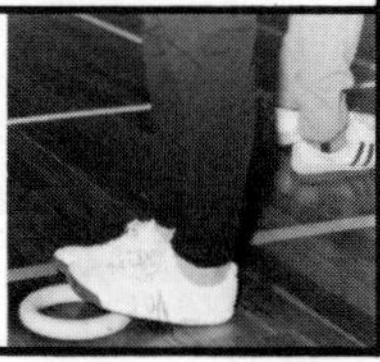	Wie vorangehende Übung.	Dehnung der rückwärtigen Beinmuskulatur, Koordination

NR.	HINWEISE / ORGANISATION	BESCHREIBUNG	ZIEL
6	Längs durch die Halle	Tennisring auf dem Boden rollen - nebenhergehen und wieder aufnehmen.	Erwärmung der Muskulatur, Gewandtheit
7	Freie Aufstellung: Tennisring in einer Hand	Im Vorwärtsgehen Tennisring hoch- werfen und fangen - Handwechsel re/li.	Koordination, Kräftigung der Arm- und Schul- termuskulatur
8	Freie Aufstellung: Tennisring wird mit beiden Händen in der Vorhalte gefaßt	Tennisring im Hochwerfen zwirbeln und wieder fangen.	"
9	Freie Aufstellung: Tennisring liegt auf dem Kopf 	In verschiedene Richtungen fortbewegen, ohne den Ring zu verlieren.	Haltungsschu- lung, Koordination
10	"	Wie vorangehende Übung, dabei versuchen, sich hinzusetzen und wieder aufzustehen.	Objektgleich- gewicht, Gewandtheit

1.4 Tennisring: Aufwärmübungen

NR.	HINWEISE / ORGANISATION	BESCHREIBUNG	ZIEL
11	Aufstellung in Linien. Jede Gruppe besteht aus 4-5 Teilnehmern	Mit den Tennisringen zu mehreren Ketten durchfassen und auf verschiedenen Raumwegen durch die Halle gehen/laufen (Musik!).	Erwärmung und Einstellung auf die Partner
12	"	Wie vorangehende Übung, jedoch Seit-Kreuz-Schritte ausführen: Vor- und Hinterkreuzen (Musik!).	"
13	Freie Aufstellung	Im Vorwärtsgehen den Tennisring unter dem vor-hoch-gespreizten Bein in die andere Hand übergeben.	Dehnung und Kräftigung der Beinmuskulatur, dynamisches Gleichgewicht

NR.	HINWEISE / ORGANISATION	BESCHREIBUNG	ZIEL
14	Freie Aufstellung	Tennisring mit beiden Händen - kneten und - in verschiedene Richtungen auseinanderziehen.	Fingerbeweglichkeit, Kräftigung von Fingern, Armen, Schultern
15	Freie Aufstellung 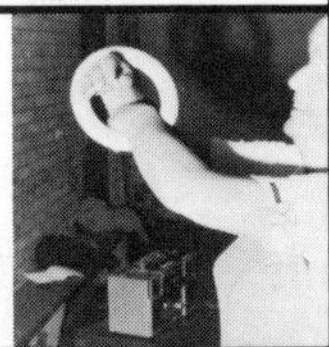	"Wolle wickeln" Beide Hände werden in Gegenrichtung in den Tennisring hineingesteckt; die Hände kreisen umeinander vw und rw.	Kräftigung der Arm- und Schultermuskulatur
16	Arme sind gestreckt in Vorhalte; Tennisring mit beiden Händen fassen 	"Rallye-Fahren" Drehbewegungen der Arme nach re und li - auch mit stärkerer Rumpfseitbeuge. - auch mit langsamer Rumpfseitbeuge.	Dehnung und Kräftigung der Schulter- und Rumpfmuskulatur
17	Arme sind gestreckt in Hochhalte; Tennisring mit beiden Händen fassen	In den Ballenstand heben und durch den Tennisring an die Decke schauen.	Gleichgewicht
18	Tennisring auf den Kopf legen	Hinsetzen und aufstehen, ohne daß der Tennisring vom Kopf fällt.	Gewandtheit, Objektgleichgewicht

1.4 Tennisring: Übungsformen im Stand

NR.	HINWEISE / ORGANISATION	BESCHREIBUNG	ZIEL
19	Tennisring mit einer Hand fassen 	Rechte Hand reicht den Tennisring über die re Schulter: hinter dem Rücken in die li Hand übergeben - gegengleich.	Schulter-beweglichkeit
20	Tennisring über einen Fuß hängen	Das Bein mit dem Tennisring gestreckt anheben; vw, rw und sw.	Gleichgewicht, Kräftigung der Beinmuskulatur
21	"	Das Bein anheben und mit dem Tennisring Achterkreise beschreiben, - im Wechsel re und li Bein, - Achterkreise vor und neben dem Körper.	"
22	"	Das Bein mit dem Tennisring anheben und mit einer Hand den Tennisring übernehmen, - im Wechsel mit re und li Bein, - auch mit dem Fuß abwerfen und fangen.	"

NR.	HINWEISE / ORGANISATION	BESCHREIBUNG	ZIEL
23	Freie Raumaufstellung 	Tennisring hochwerfen und fangen - mit beiden Händen, - mit einer Hand.	Koordination
24	Tennisring liegt auf dem Boden 	Ohne die Hände zu benutzen, soll der Tennisring angehoben werden, - im Wechsel mit dem re und li Bein.	Geschicklichkeit, Gleichgewicht

Es ist schön, leisten zu können ohne leisten zu müssen!

1.4 Tennisring: Übungsformen im Sitzen

NR.	HINWEISE / ORGANISATION	BESCHREIBUNG	ZIEL
25	Hocksitz 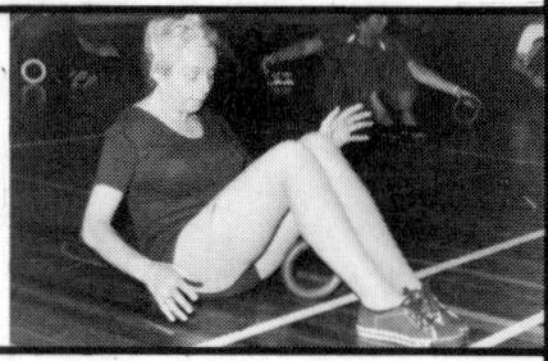	Tennisring unter den gebeugten Beinen von rechts nach links rollen und umgekehrt.	Geschicklichkeit
26	Hocksitz und Strecksitz	Tennisring am Boden um den Körper herumrollen, dabei zunehmend die Beine strecken.	Kräftigung der Vorderseite, Dehnung der Rückseite
27	Strecksitz: Arme in Hochhalte	Rumpfvorbeugen und den Tennisring auf den Füßen ablegen, wieder aufrichten - und den Tennisring wieder holen.	"
28	Grätschsitz 	Tennisring an der Außen- und Innenseite des rechten Beines entlang rollen, dann über die Innenseite zur Außenseite des linken Beines rollen - und zurück.	Dehnung der Rückenmuskulatur und der Beininnenseite
29	Bauchlage: Arme sind ausgestreckt in der Vorhalte, beide Hände fassen den Ring	Tennisring auf dem Boden nach rechts und links drehen. Darauf achten, daß Beine und Becken fest am Boden bleiben.	Rückenkräftigung und Mobilisation der Wirbelsäule

NR.	HINWEISE/ORGANISATION	BESCHREIBUNG	ZIEL
30	Partner stehen sich mit unterschiedlichen Abständen gegenüber; jeder hat einen Tennisring	Zurollen der Tennisringe - nacheinander und gleichzeitig losrollen, - A und B rollen jeweils mit re und li Hand gleichzeitig.	Einstellung auf den Partner, Geschicklichkeit
31	"	Zuwerfen und fangen.	"
32	Je zwei haben einen Tennisring 	Ein Partner wirft die Tennisringe, der andere versucht den Ring aufzufangen, indem er den Arm durch den Ring führt - Ringe nacheinander werfen, - beide Tennisringe gleichzeitig werfen.	"
33	"	Zuwerfen und fangen - Partner A steht mit dem Rücken zu B und wirft über den Kopf, - durch die gegrätschten Beine, - unter einem Bein hindurch, - Hüftwurf.	"
34	Partner stehen Rücken an Rücken, Tennisring re und li gefaßt 	Rumpfdrehen nach re und li.	Mobilisation der Wirbelsäule

1.4 Tennisring: Partnerübungen

NR.	HINWEISE / ORGANISATION	BESCHREIBUNG	ZIEL
35	Partner stehen Rücken an Rücken, je zwei haben einen Tennisring	Beide Partner fassen den Tennisring mit beiden Händen in der Hochhalte. Langsames Rumpfseitbeugen nach re und li.	Dehnung und Kräftigung der Rumpf-muskulatur
36	Partner stehen sich gegenüber, ein Tennisring hängt über einem Fuß	Partner A übergibt den Tennisring an Partner B - mit der Hand übernehmen, - mit dem Fuß übernehmen.	Abstimmung mit dem Partner, Geschicklich-keit, Gleichgewicht
37	Partner stehen sich in Schrittstellung gegenüber: je ein Tennisring li und re gefaßt	"Sägen" Partner ziehen die Arme gegengleich hin und her.	Dehnung und Kräftigung der Arm- und Schulter-muskulatur

NR.	HINWEISE / ORGANISATION	BESCHREIBUNG	ZIEL
38	Mehrere gleichstarke Mannschaften in Reihen; je Teilnehmer 1 Tennisring	Zielwurf: Die Zielmarke (z.B. Slalomstange) befindet sich im Abstand von ca. 2 m vor jeder Gruppe. Die Spieler versuchen, die Tennisringe über die Zielmarke zu werfen. Sieger ist die Mannschaft, die die meisten Treffer erzielt hat.	Treffsicherheit, Koordination
39	In Linien, alle Teilnehmer fassen mit den Tennisringen zu einer Kette durch. 	Figurenlegen: Auf Zuruf des Spielleiters bildet die Kette die genannte Figur (auch Zahl der Buchstaben): - z.B. Dreieck, Stern usw.	Reaktion, Raumorientierung, Kooperation
40	In Linien über die Längsseite der Halle	Eisstockschießen: Die Tennisringe werden so über den Boden "geschossen", daß sie möglichst nah an der vorgegebenen Markierung (z.B. Linie auf dem Hallenboden) liegen bleiben.	Auge - Hand Koordination
41	Stirnkreis 	Konzentrationskette: Auf den Zuruf des Spielleiters "rechts" lassen die Spieler den Tennisring, der sich in der re Hand befindet los, übergeben den in der li Hand befindlichen in die re und fassen wieder zum Kreis durch; - dasselbe gegengleich.	Konzentrationsvermögen

1.5 Reifen: Übungsformen in der Fortbewegung

NR.	HINWEISE/ORGANISATION	BESCHREIBUNG	ZIEL
1	Reifen liegen verteilt auf dem Boden.	Im zügigen Vorwärtsgehen Reifen umkreisen - auf verschiedenen Raumwegen, - dasselbe im Rückwärtsgehen, - auch mit Musik (Aufforderungscharakter im entsprechenden Rhythmus).	Allgemeine Erwärmung, Raum-orientierung
2	"	Wie vorangehende Übung, in jedem Reifen mit der Handfläche den Boden berühren - im Rückwärtsgehen, - dasselbe mit der Fußspitze und Ferse, - im Reifen mit Hacke/Spitze auftippen.	" Beweglichkeit der Fußgelenke
3	"	Im Vorwärtsgehen mit großen Schritten in die Reifen ein- und aussteigen; - auch im Rückwärtsgehen, - dasselbe im Seitwärtsgehen.	Kräftigung der Beinmuskulatur
4		Alle gehen gleichzeitig, ohne sich gegenseitig zu berühren, aus einem Reifen in den anderen; - dasselbe im Rückwärtsgehen, - dasselbe im Seitwärtsgehen.	Raumorientierung, Gewandtheit
5	Jeder hat einen Reifen vor dem Körper auf dem Boden aufgestellt.	Den Reifen mit der re Hand zwirbeln und anschließend rechts um den Reifen gehen. Gegengleiche Ausführung.	Gewandtheit

NR.	HINWEISE / ORGANISATION	BESCHREIBUNG	ZIEL
6	Freie Aufstellung	Reifen zwirbeln, dann um mehrere Reifen herumlaufen und auf Zeichen einen neuen Reifen aufnehmen.	Erwärmung der Muskulatur, Koordination, Raumorientierung
7	Stirnkreis	Reifen zwirbeln und auf Zuruf z.B. 3, 4 oder 5 Reifen nach li oder re weitergehen.	" Reaktionsschulung
8	Freie Aufstellung 	Im Gehen durch den Reifen steigen, - vorwärts im Vorwärtsgehen, - rückwärts im Rückwärtsgehen, - seitwärts im Seitwärtsgehen.	Allgemeine Kräftigung, Koordination
9	In Linien 	Den Reifen auf der re/li Seite rollen und neben ihm herlaufen - Reifen rollt vorwärts und rückwärts: Dem rollenden Reifen entsprechend vw und rw laufen; - dasselbe in der Rückwärtsbewegung, - um den rollenden Reifen herumlaufen.	Raumorientierung, Geschicklichkeit, Bewegungsschnelligkeit
10	"	Wie vorangehende Übung. Ein Bein in den rollenden Reifen halten; - abwechselnd re und li Bein.	Reaktionsschnelligkeit

1.5 Reifen: Schwingen

NR.	HINWEISE / ORGANISATION	BESCHREIBUNG	ZIEL
11	freie Aufstellung	Schwingen des Reifens in der Sagittalebene an der rechten und linken Körperseite - mit Körpereinsatz - dasselbe im Vorwärts- und Rückwärtsgehen.	Kräftigung der Arm-Schulter-Rumpfmuskulatur, Koordination
12	"	Wie vorangehende Übung: Dabei den Reifen vor und hinter dem Körper von der re in die li Hand übergeben und umgekehrt.	"
13	"	Wie vorangehende Übung: Dabei den Reifen vorn abwerfen und mit der anderen Hand wieder fangen.	"
14	"	Wie vorangehende Übung: Im Vorwärtsgehen.	"
15	"	Achterschwünge in der Sagittalebene, Reifen in der re/li Hand.	"

NR.	HINWEISE / ORGANISATION	BESCHREIBUNG	ZIEL
16	In dem waagerecht gehaltenen Reifen stehend 	Reifen um die Körperlängsachse drehen, nach rechts und links - im Schlußstand, - in Grätschstellung mit Gewichtsverlagerung.	Allgemeine Kräftigung, Mobilisation der Wirbelsäule
17	Schlußstand; Arme in Hochhalte	Drehen des Reifens über dem Kopf in der Horizontalebene, Hüften fixieren.	Dehnung und Kräftigung der Arm- und Schultermuskulatur
18	Schlußstand; Arme in der Vorhalte	Den senkrecht gehaltenen Reifen vor dem Körper drehen.	"
19	"	Ausgangshaltung wie oben: Reifen mit den Fingern zwirbeln.	Kräftigung der Finger-, der Arm- und Schultermuskulatur, Fingerbeweglichkeit
20	"	Den waagerecht gehaltenen Reifen abwerfen, nach 1/2 bzw. 1/1 Drehung wieder fangen.	Koordination

1.5 Reifen: Übungsformen im Stand

NR.	HINWEISE / ORGANISATION	BESCHREIBUNG	ZIEL
21	Reifen steht quer vor dem Körper	Reifen so weit wie möglich zur Seite nach links / rechts rollen. Körpergewicht verlagern - mit beiden Händen am Reifen bleiben.	Kräftigung der Beinmuskulatur, Gleichgewicht
22	"	Wie vorangehende Übung, dabei den Reifen hinter dem Körper zur anderen Seite rollen.	"
23	"	Reifen mit beiden Händen fassen und in die Hochhalte führen. Abwechselnd kleine und große Frontalkreise nach re und li beschreiben.	Dehnung und Kräftigung der Schulter- und Rumpfmuskulatur
24	"	Reifen nach li rollen, über Kopf von der li in die re Hand übergeben und wieder zum Boden führen.	Allgemeine Dehnung und Kräftigung
25	Im Stand	Reifen mit ausgestrecktem Arm schräg vor dem Körper halten; Griff lösen und den Reifen um die Hand kreisen lassen, - auch mit der anderen Hand	Koordination

NR.	HINWEISE / ORGANISATION	BESCHREIBUNG	ZIEL
26	Im Stand	Den waagerecht gehaltenen Reifen außen in Hüfthöhe um den Körper herumgeben; dabei vor und hinter dem Körper Handwechsel.	Beweglichkeit der Schultergelenke, Koordination
27	Im Stand - Reifen steht quer vor dem Körper auf dem Boden	Reifen mit der li Hand über die Seit- zur Rückhalte führen und hier in die re Hand übergeben. Die re Hand führt den Reifen über die Seit- in die Vorhalte; dasselbe in entgegengesetzter Richtung, mit der re beginnen.	"
28	Im Stand	Spiralbewegungen - einwärts - in der Vorhalte, - auswärts - in der Hochhalte.	Kräftigung und Dehnung der Arm-Schulter-Rumpfmuskulatur, Koordination
29	"	Im waagerecht gehaltenen Reifen stehend: Hula Hoop.	Kräftigung der Rumpfmuskulatur, Beweglichkeit des Becken Beckens und der Wirbelsäule
30	"	Den Reifen so wegrollen, daß er zurückkommt.	Koordination

1.5 Reifen: Übungsformen im Sitzen

NR.	HINWEISE / ORGANISATION	BESCHREIBUNG	ZIEL
31	Grätschsitz	Reifen zwischen den gegrätschten Beinen weit nach vorn ablegen, Rücken bleibt gerade.	Dehnung der Rückseite und der Beininnenseite
32	" 	Reifen liegt zwischen den gegrätschten Beinen; mit den Händen so weit wie möglich am Reifen entlang fahren.	"
33	"	Wie vorangehende Übung, jedoch mit den Füßen am Reifen entlang fahren, - re/li im Wechsel im Kreis - beide Beine gleichzeitig geschlossen.	"

NR.	HINWEISE / ORGANISATION	BESCHREIBUNG	ZIEL
34	Hocksitz	Reifen liegt vor den angehockten Beinen auf dem Boden. Mit den Händen aufstützen. Beine anheben, Fersen im Reifen auftippen und Beine wieder anhocken.	Kräftigung der Bauch- und Beinmuskulatur
35	"	Reifen mit beiden Händen fassen und quer vor dem Körper auf den Boden stellen. Im Wechsel re/li Bein in den Reifen strekken.	"
36	Hocksitz: Reifen wird an der Rückseite des Körpers gehalten 	Rumpfdrehen nach re/li.	Kräftigung der Bauchmuskulatur, Mobilisation der Wirbelsäule

1.5 Reifen: Übungsformen in der Bauch- und Rückenlage

NR.	HINWEISE / ORGANISATION	BESCHREIBUNG	ZIEL
37	Rückenlage mit angestellten Beinen	Beide Hände fassen den Reifen, Arme sind über dem Kopf ausgestreckt. Aus der Rückenlage aufrichten und den Reifen vor dem Körper auf den Boden legen.	Kräftigung der Bauch- und Rückenmuskulatur
38	Bauchlage 	Reifen anheben und "leise" wieder ablegen.	Dehnung der Vorderseite, Kräftigung der Rückseite
39	" 	Den Reifen am Boden entlang weit zur Seite nach rechts und links führen.	Flankendehnung

NR.	HINWEISE / ORGANISATION	BESCHREIBUNG	ZIEL
40	Partnerweise, mit einem Reifen 	Ein Partner befindet sich in einem Reifen, hat die Augen geschlossen und wird von dem anderen Partner ohne Worte mit Hilfe des Reifens durch den Raum geführt. Er muß auf Rechts- bzw. Linksdruck reagieren, kann vorwärts- und rückwärtsgehen bzw. -laufen.	Raumorientierung, Kooperation
41	"	Partner stehen sich im Grätschstand gegenüber. Ein Reifen wird zwischen den Partnern mit beiden Händen von unten gehalten. Gewichtsverlagerung nach hinten, bis die Arme gestreckt sind.	Kräftigung der Arm-Schulter-Muskulatur, Gleichgewicht, Abstimmung auf den Partner
42	"	Partner stehen sich gegenüber. Reifen wird zwischen den Partnern mit beiden Händen von unten gehalten. Reifen gemeinsam in die Hochhalte führen, dabei in den Ballenstand gehen, dann den Reifen auf dem Boden ablegen, dabei die Knie beugen.	Dehnung und Kräftigung der Arm-, Schulter-Rumpfmuskulatur
43	"	Ausgangsstellung wie vorangehende Übung, aber den senkrecht stehenden Reifen mit beiden Händen fassen. Mit dem Reifen kleine und große Frontalkreise beschreiben.	"
44	"	Partner stehen Rücken an Rücken und halten einen Reifen über den Köpfen. Beide drehen den Rumpf nach re und li.	Dehnung und Kräftigung der Arm-Schulter- und Rumpfmuskulatur

1.5 Reifen: Übungsformen mit Partner

NR.	HINWEISE / ORGANISATION	BESCHREIBUNG	ZIEL
45	Partner stehen sich in geringem Abstand gegenüber, jeder hat einen Reifen	Reifen in verschiedenen Formen zurollen; - beide Partner rollen gleichzeitig von der re auf die li Seite des Partners, - von der li auf die re Seite, - von der re auf die re Seite, - von der li auf die li Seite.	Abstimmung auf Partner und Raumwege
46	"	Beide Partner halten den Reifen mit der re Hand im Ristgriff auf der re Körperseite. Arme schwingen nach hinten und vorn, dabei wird der eigene Reifen dem Partner in die li Hand übergeben. Wieder Rückschwingen der Arme und gegengleiches Übergeben. - Arme im Gegenschwung.	Dehnung und Kräftigung der Arm-Schulter-Rumpf-Muskulatur, Koordination
47	" Partner stehen sich mit größerem Abstand gegenüber; jeder hat einen Reifen.	Wie vorangehende Übung. Statt dem Übergeben sollen die Reifen abgeworfen und gefangen werden.	Abstimmung auf den Partner, Geschicklichkeit, Reaktionsschnelligkeit
48	Partner stehen sich gegenüber. Je ein Reifen auf der re und li Körperseite.	Beide umfassen mit der re und li Hand die Reifen im Ristgriff. Die in der vertikalen Ebene gehaltenen Reifen werden über die Seite soweit wie möglich nach oben geführt (Horizontalebene); - mit stärkerem Körpereinsatz.	Dehnung und Kräftigung der Arm-Schulter-Muskulatur
49	"	Anstellschritte seitwärts - seit, ran, seit - im Wechsel nach re und li. 1 1/2 Frontalschwünge in Bewegungsrichtung; - auch im Seitgalopp.	" Koordination

NR.	HINWEISE / ORGANISATION	BESCHREIBUNG	ZIEL
50	Partnerweise mit einem Reifen	Bewegungsverbindung: Partner stehen sich gegenüber und umfassen je einen Reifen mit re und li Hand im Ristgriff. Je einen Pendelschwung nach re und li, dann einen ganzen Kreis re herum. Während des Kreises drei Sw-Schritte mit jeweils einer halben Drehung in Bewegungsrichtung.	Dehnung und Kräftigung des Arm-Schulterbereichs, Koordination
51	"	Partner stehen Rücken an Rücken und halten einen Reifen über den Köpfen. Die Arme sind ausgestreckt in Hochhalte. Rumpfseitbeuge beider Partner.	Dehnung und Kräftigung des Arm-Schulterbereichs und der Rumpfmuskulatur
52	Stirnkreis - jeder hält seinen Reifen in der li, den des Kreisnachbarn in der re Hand	Grätschstellung - Gewichtsverlagerung von re nach li und umgekehrt.	Kräftigung der Beinmuskulatur, Gleichgewicht
53	"	Auf der Kreisbahn nach re und li vorwärtsgehen; - dasselbe, nach re/li hüpfen.	Koordination, Kreislaufbelastung
54	"	In die Kreismitte hineingehen und wieder nach außen; dabei die Reifen vor-, hoch- und wieder nach unten führen.	"

1.5 Reifen: Spielformen

NR.	HINWEISE / ORGANISATION	BESCHREIBUNG	ZIEL
55	Innenstirnkreis, Hände durchgefaßt, jeder Kreis 2 Reifen 	<u>Reifenjagd</u> Zwei gegenüberstehende Spieler hängen den Reifen über eine Schulter; der Reifen soll - ohne die Hände zu lösen - an den Nebenspieler weitergegeben werden. Ein Reifen soll den anderen einholen. Auf Zuruf Richtungswechsel!	Gewandtheit
56	Jede Mannschaft hat 2 Reifen	<u>Pendelstaffel</u> Der erste Spieler jeder Mannschaft steht in einem Reifen und hält den zweiten Reifen bereit. Auf Zeichen legt er den zweiten Reifen vor sich und baut auf diese Weise eine Brücke bis zum gegenüberstehenden Spieler. Wenn jeder einmal die Seite gewechselt hat, ist das Spiel beendet.	Bewegungs- schnelligkeit, Koordination
Eigene Idee			

NR.	HINWEISE / ORGANISATION	BESCHREIBUNG	ZIEL
1	Freie Auf- stellung	Jeder breitet sein eigenes Tuch auf dem Boden aus: In Schlangenlinien um die Tücher gehen oder laufen.	Orientierung im Raum
2	"	Wie vorangehende Übung: Im Gehen die Tücher mit dem Finger/mit der ganzen Hand berühren; - das gleiche mit der Fußspitze und der Ferse.	Erwärmung der Muskulatur
3	"	Wie vorangehende Übung: Mit großen Schritten vw, rw und sw über die auf dem Boden liegenden Tücher hinweggehen.	"
4	"	<u>Lasso-Schwünge</u> Tuch im Vorwärtsgehen oder -laufen in Horizontalkreisen über dem Kopf schwingen (re und li).	" Kräftigung der Arm-Schulter-Muskulatur
5	"	Das Tuch ausgebreitet in die Luft werfen und mit verschiedenen Körperteilen auffangen: - mit einer Hand/Arm, - mit einem Fuß, - mit einer Hüfte.	" Reaktions- schnelligkeit

1.6 Tuch: Übungsformen in der Fortbewegung

NR.	HINWEISE / ORGANISATION	BESCHREIBUNG	ZIEL
6	Freie Aufstellung 	Tuch ausgebreitet am Oberkörper anlegen. So zügig gehen, daß das Tuch am Körper "kleben" bleibt, - auch am Oberschenkel, - beide Formen im Rückwärtsgehen.	Geschicklichkeit
7	"	Tuch an zwei Ecken fassen, Arme sind in Hochhalte. So zügig gehen, daß das Tuch hinter dem Körper zum "Schweben" kommt; - das gleiche im Rückwärtsgehen vor dem Körper kopfhoch, - hüfthoch/knapp über dem Boden.	Anpassung an das Gerät, Raumorientierung
8	" 	Wellenbewegungen im Rückwärtsgehen, - aus dem Handgelenk, - durch die verschiedenen Ebenen.	Raumorientierung, Koordination
9	"	Tuch an zwei Ecken fassen. Im Vorwärtsgehen das Tuch an der re und li Körperseite vor- und rückschwingen; - Kreise mit dem Tuch, Achterschwünge, - beide Formen im Rückwärtsgehen.	Kräftigung der Arm-Schulter-Muskulatur, Koordination
10	"	Anstellschritte sw (seit, ran, seit), im Wechsel nach re/li, Tuch an zwei Ecken gefaßt; - 1 1/2 Frontalschwünge in Bewegungsrichtung, - auch im Seitgalopp.	"

NR.	HINWEISE / ORGANISATION	BESCHREIBUNG	ZIEL
11	Im Stand	Tuch an 2 Enden fassen, die Arme sind ausgestreckt in der Vorhalte: Tuch von außen nach innen zusammenraffen und wieder glatt ziehen, - mit beiden Händen gleichzeitig, - im Wechsel mit der re bzw. li Hand.	Fingerbeweglichkeit, Geschicklichkeit
12	" 	Tuch von oben nach unten zusammenraffen und fallen lassen, - mit beiden Händen gleichzeitig, - im Wechsel mit der re und li Hand.	"
13	" 	Tuch mit einer Hand an einer Ecke fassen: Tuch zusammenknäulen und wieder fallen lassen, - wechselseitig re/li.	"
14	"	Tuch mit beiden Händen kneten.	Kräftigung der Arm-Schulter-Muskulatur
15	"	Tuch zusammenknäulen: Hochwerfen und Fangen des Tuches.	"

1.6 Tuch: Übungsformen im Stand

NR.	HINWEISE/ORGANISATION	BESCHREIBUNG	ZIEL
16	Im Stand	Arme in der Vorhalte. Tuch mit beiden Händen an den Diagonalecken fassen; Hände gleichzeitig um das gespannte Tuch wickeln, bis sie sich in der Mitte treffen. Arme bleiben gestreckt in der Vorhalte.	Koordination, Beweglichkeit
17	" 	Wie vorangehende Übung; Hände nacheinander im Wechsel rechts / links um das Tuch wickeln (treffen sich in der Mitte).	"
18	"	Das Tuch durch Kreisen in den Handgelenken rotieren lassen.	"
19	" 	Tuch mit beiden Händen an den Diagonalenden fassen; Arme befinden sich in Brusthöhe. Spannen und Lösen des Tuches - mit gebeugten Armen, - mit gestreckten Armen.	Kräftigung der Arm-, Schulter- und Rumpfmuskulatur
20	"	Tuch mit beiden Händen an den Diagonalenden fassen; das Tuch befindet sich hinter dem Kopf. Spannen und Lösen des Tuches.	Kräftigung der Arm-, Schulter- und Rumpfmuskulatur, spez. Dehnung der Brustmuskulatur

NR.	HINWEISE / ORGANISATION	BESCHREIBUNG	ZIEL
21	Grätschstand	Tuch mit beiden Händen an den Diagonalenden fassen - Arme befinden sich in Brusthöhe gebeugt in der Vorhalte: Hin- und Herziehen des Tuches durch Beugen und Strecken der Arme vor dem Körper.	Dehnung und Kräftigung der Arm-Schulter-Muskulatur
22	"	Arme befinden sich in der Rückhalte: Beugen und Strecken der Arme hinter dem Körper.	" Dehnung der Brustmuskulatur
23	" 	Wie vorangehende Übungen mit Gewichtsverlagerung von re nach li durch Beugen und Strecken der Beine.	" Dehnung der Beinmuskulatur
24	"	Tuch mit beiden Händen an den Diagonalenden fassen - die Arme sind in Hochhalte, das Tuch ist gespannt: Rumpfseitbeugen nach re und li.	Dehnung und Kräftigung der Arm-Schulter-Rumpfmuskulatur, Flankendehnung
25	"	Rumpfdrehen nach re und li.	" Mobilisation der Wirbelsäule

1.6 Tuch: Übungsformen im Stand

NR.	HINWEISE / ORGANISATION	BESCHREIBUNG	ZIEL
26	Schlußstand	Tuch mit beiden Händen an den Diagonalenden fassen - die Arme sind in Hochhalte, das Tuch ist gespannt: Rumpfvorbeugen, dabei das Tuch dicht am Körper entlang bis zum Boden führen und zurück bis zur Hochhalte der Arme.	Dehnung und Kräftigung der Rumpfmuskulatur, spez. der rückwärtigen Beinmuskulatur
27	"	Wie vorangehende Übung: das Tuch jedoch auf dem Boden ablegen und wieder aufnehmen.	"

	siehe Übung 55		

NR.	HINWEISE / ORGANISATION	BESCHREIBUNG	ZIEL
28	Im Stand	Das waagerecht gehaltene Tuch an der Rückseite des Körpers entlang nach unten führen und zurück.	Dehnung und Kräftigung der Arm-Schulter-Rumpfmuskulatur
29	"	Das Tuch an der Rückseite des Körpers in verschiedene Richtungen von rechts nach links ziehen ("Rücken abtrocknen").	" Dehnung der Brustmuskulatur
30	"	Das senkrecht gehaltene Tuch an der Rückseite des Körpers an den Diagonalenden fassen (eine Hand greift über die Schulter,die andere hinter dem Rücken von unten). Beide Hände greifen am Tuch entlang, bis sie sich berühren.	"
31	"	Wie vorangehende Übung: In der Rumpfvorhalte den Oberkörper um die Längsachse nach re/li drehen.	" Mobilisation der Wirbelsäule
32	"	Das Tuch an 2 Enden fassen - Arme sind in der Vorhalte: Das Tuch aus der Vor- über die Hoch- zur Rückhalte schwingen und zurück.	Mobilisation der Schultergelenke

1.6 Tuch: Spiel- und Übungsformen im Stand

NR.	HINWEISE / ORGANISATION	BESCHREIBUNG	ZIEL
33	Freie Aufstellung im Raum, jeder ein Tuch 	Im Grätschstand das zusammengeknäulte Tuch in Achterform um die Beine geben; - in Kniehöhe) - in Knöchelhöhe) mit Gewichtsverlagerungen	Dehnung der großen Muskelgruppen, spez. rückwärtige Beinmuskulatur
34	"	Im Schlußstand das zusammengeknäulte Tuch um den Körper kreisen lassen: - Hüfthöhe, - Kniehöhe, - Knöchelhöhe.	"
35	"	Das ausgebreitete Tuch auf einen Fuß legen. Dann das Bein anheben: - vor- und rückschwingen, - Frontalkreise, - eine liegende Acht beschreiben, - das Tuch mit den Händen aufnehmen.	Gleichgewicht, Kräftigung der Beinmuskulatur
36	"	Tuchfalten Das ausgebreitete Tuch auf den Boden legen. Mit den Zehen eine Ecke des Tuches fassen und auf die gegenüberliegende Tuchecke ablegen. Dann die Gegenseite, so lange, bis ein kleines Dreieck entstanden ist.	Kräftigung der Fußmuskulatur, Gleichgewicht
37	"	Im Stand ein Bein anheben (Oberschenkel bis in die Waagerechte),und das zusammengeknäulte Tuch unter dem Bein von der re in die li Hand übergeben und umgekehrt.	Gleichgewicht, Kräftigung der Beinmuskulatur

NR.	HINWEISE / ORGANISATION	BESCHREIBUNG	ZIEL
38	Hocksitz	Das Tuch wird in Hochhalte mit beiden Händen an den Diagonalenden gefaßt: Rumpfvorbeugen, das Tuch vor den Füßen ablegen und wieder aufnehmen.	Dehnung der Rückseite
39	"	Rumpfdrehen nach rechts und Ablegen des gespannten Tuches hinter dem Körper - dann Rumpfdrehen nach links und das Tuch auf der anderen Seite wieder aufnehmen.	Mobilisation der Wirbelsäule
40	Grätschsitz 	Das Tuch liegt ausgebreitet auf dem Boden zwischen den gegrätschten Beinen. Mit der rechten Hand eine Tuchecke fassen und auf die diagonal gegenüberliegende Ecke legen; - dasselbe mit der linken Hand - dann das Tuch genauso wieder ausbreiten.	Dehnung der Rückenmuskulatur und der Beininnenseite
41	"	Mit beiden Händen die unteren Tuchecken fassen, auf die oberen legen und wieder ausbreiten; - dasselbe von re nach li / li nach re, - von oben nach unten.	"
42	"	Nacheinander Anheben des gestreckten li/re Beines über das auf dem Boden liegende Tuch und Ablegen auf der anderen Seite.	Dehnung und Kräftigung der Bauch- und Beinmuskulatur

1.6 Tuch: Übungsformen im Sitzen

NR.	HINWEISE / ORGANISATION	BESCHREIBUNG	ZIEL
43	Grätschsitz	Wie vorangehende Übung - beide Beine gleichzeitig anheben und ablegen (auf Atmung hinweisen!).	Kräftigung der Bauch- und Beinmuskulatur
44	Strecksitz	Das Tuch befindet sich zusammengeknäult in der re Hand. Jeweils ein Bein gestreckt anheben und das Tuch darunter in die andere Hand hindurchgeben.	"
45	"	Wie vorangehende Übung - beide Beine gleichzeitig anheben und das Tuch darunter hindurchgeben.	"
46	"	Tuch liegt ausgebreitet auf den Beinen: Die Hände fassen die vorderen Enden des Tuches. Das Tuch wird über den Körper bis in Brusthöhe gezogen, dabei in die Rückenlage begeben. Beim Aufrichten das Tuch an den unteren Enden fassen und in entgegengesetzte Richtung bis zu den Füßen ziehen.	Kräftigung der Bauch- und Beinmuskulatur
47	"	Das Tuch mit beiden Händen an den Diagonal-enden fassen: Re/li Bein beugen, Fuß auf das Tuch stellen, Bein gegen den Widerstand strecken.	Allgemeine Kräftigung, Dehnung der rückwärtigen Beinmuskulatur

NR.	HINWEISE / ORGANISATION	BESCHREIBUNG	ZIEL
48	Bauchlage	Die Arme sind nach vorn ausgestreckt: Das zusammengeknäulte Tuch befindet sich in der rechten Hand und wird hinter dem Körper in die linke Hand übergeben. Dabei den Oberkörper leicht anheben.	Dehnung der Vorder-, Kräftigung der Rückseite
49	"	Das Tuch wird an den Diagonalenden gefaßt: Das gespannte Tuch zum Körper heranziehen, dabei Oberkörper leicht anheben.	"
Eigene Ideen			
Eigene Ideen			

Der Vergangenheit nachzutrauern ist zwecklos!

1.6 Tuch: Spiel- und Übungsformen mit dem Partner

NR.	HINWEISE/ORGANISATION	BESCHREIBUNG	ZIEL
51	Partnerweise gegenüber, jedes Paar 1 Tuch 	Jeder hält 2 Enden des Tuches. Gemeinsames Hoch- und Tiefschwingen des waagerechten Tuches. Auf Ganzkörperbewegung achten!	Kräftigung und Dehnung der großen Muskelgruppen
52	Partnerweise in verschiedenen Abständen zueinander, jedes Paar 1 Tuch, auch mit 2 Tüchern möglich	Zuwerfen der zusammengeknäulten Tücher: - Einhandwürfe, - unter einem Bein hindurch, - durch die gegrätschten Beine, - über den Kopf.	Geschicklichkeit, Reaktionsschnelligkeit, Koordination
53	Partnerweise neben- oder voreinander, jedes Paar 1 Tuch	Partner A legt das ausgebreitete Tuch auf einen Fuß und übergibt dies, ohne die Hände zu benutzen, an Partner B. - B übernimmt mit der Hand, - B übernimmt mit dem Fuß.	Gleichgewicht, Geschicklichkeit
54	Partnerweise in unterschiedlichem Verhalten zueinander, jedes Paar 2 Tücher	Jeder versucht mit seinem zusammengeknäulten Tuch den Partner durch Werfen zu treffen.	Reaktionsschnelligkeit, Geschicklichkeit, Bewegungsschnelligkeit
55	Partnerweise gegenüber, jedes Paar zwei Tücher	Partner fassen die gegenüberliegenden Tuchenden. Beide Partner drehen gleichzeitig um die Körperlängsachse unter den Tüchern hindurch (siehe Abb. Seite 84).	Koordination

NR.	HINWEISE / ORGANISATION	BESCHREIBUNG	ZIEL
56	Partner sitzen sich im Streck-sitz gegenüber, jedes Paar 1 Tuch	Partner A legt das ausgebreitete Tuch über einen Fuß und übergibt an Partner B. - Das Tuch hängt über beiden Füßen, Partner übernimmt ebenfalls mit beiden Füßen.	Kräftigung der Bauch-muskulatur
57	Partner sitzen Rücken an Rücken, jedes Paar 1 Tuch	Das Tuch über den Kopf und an der Seite (Rumpf mitdrehen) dem Partner übergeben.	Kräftigung und Dehnung der Rumpf-muskulatur
58	Partner sitzen mit geringem Abstand Rücken an Rücken, jedes Paar 2 Tücher	Partner halten jeweils ein Tuchende auf jeder Seite. Arme werden gleichzeitig über die Seite in die Hochhalte geführt, die Tücher sind dabei gespannt.	Kräftigung der Rückenmusku-latur, Dehnung der Vorder-seite
59	Partner sitzen sich im Strecksitz gegenüber, jedes Paar 1 Tuch	Partner A hält das zusammengeknäulte Tuch zwischen den Füßen. Beine anheben und das Tuch Partner B übergeben: - Partner B übernimmt in die Hand, - Partner B übernimmt mit den Füßen.	Kräftigung der Bauch- und Rückenmuskula-tur

1.6 Tuch: Partnerübungen im Liegen

NR.	HINWEISE / ORGANISATION	BESCHREIBUNG	ZIEL
60	Partnerweise in Bauchlage gegenüber, jedes Paar 1 Tuch	Leichtes Anheben des Rumpfes und Übergeben des zusammengeknäulten Tuches an den Partner. Blick zum Boden richten. Atmung beachten!	Kräftigung der Rückenmuskulatur, Dehnung der Vorderseite
61	"	Wie vorangehende Übung, das Tuch wird auf verschiedene Arten übergeben.	"
62	"	Wie vorangehende Übung, dann nimmt Partner A das Tuch hinter dem Rücken aus der einen in die andere Hand und übergibt das Tuch wieder an Partner B.	"
63	Partnerweise in Rückenlage, Fußsohlen aneinander, jedes Paar 1 Tuch	Das zusammengeknäulte Tuch wird in beiden Händen gehalten. Den Oberkörper aufrichten und so weit nach vorn beugen, daß das Tuch dem Partner übergeben werden kann. Wirbelsäule abrollen, zurück in die Ausgangslage.	Kräftigung der Bauch- und Rückenmuskulatur

NR.	HINWEISE / ORGANISATION	BESCHREIBUNG	ZIEL
64	Innenstirnkreis, jeder Kreis hat 2 Tücher	<u>Tuchjagd:</u> Zwei gegenüberstehende Spieler breiten das Tuch auf einem Fuß aus und geben es an den Nebenspieler weiter. Ein Tuch soll das andere einholen. Auf Zuruf: Richtungswechsel.	Gleichgewicht, Kooperation, Reaktions- und Bewegungsschnelligkeit
65	Spielfeldgröße nicht zu groß	<u>Völkerball:</u> Zwei gleichgroße Mannschaften. Aufstellung nach Skizze. Ziel ist, die gegnerischen Spieler mit dem zusammengeknäulten Tuch abzuwerfen. Abgeworfene Spieler gehen hinter die Linie. Das Wurfrecht wechselt, wenn das Tuch abgefangen wird. - Abgeworfene Spieler können sich freiwerfen - abgeworrene Spieler dürfen auch von den Seitenlinien werfen.	Reaktions- und Bewegungsschnelligkeit, Kooperation
66	Innenstirnkreis mit Abstand zu den Nachbarn: Im Sitzen, Hände zur Kreismitte, 1 Tuch	<u>Der Plumpsack geht um:</u> Der Plumpsack läuft auf der Außenkreisbahn um die Sitzenden. Ohne daß es die Mitspieler bemerken, versucht er das Tuch hinter einem Spieler zu plazieren. Der Spieler muß dann den Plumpsack einholen. Erreicht der Plumpsack den freien Platz, übernimmt der Verfolger diese Rolle. Fängt er ihn, muß der Plumpsack in die Mitte; - Laufrichtung wechseln.	Reaktions- und Bewegungsschnelligkeit

1.6 Tuch: Spiele

NR.	HINWEISE / ORGANISATION	BESCHREIBUNG	ZIEL
67	Zwei Mannschaften: Jede paarweise in Gassenaufstellung einander gegenüber. Jedes Paar hält ein ausgebreitetes Tuch zwischen sich. Ein Tischtennisball/Luftballon liegt auf dem Tuch.	<u>Ballstaffel:</u> Das erste Paar jeder Mannschaft hat einen Tischtennisball/Luftballon auf seinem Tuch liegen. Ball oder Ballon an das nächste Paar weitergeben. Der Ball/Ballon muß zum ersten Paar zurück, wenn ein Spieler die Hände benutzt oder das Gerät zu Boden gefallen ist; - mit zwei oder mehreren Bällen/Ballons.	Geschicklichkeit, Kooperation und Abstimmung auf den Partner

NR.	HINWEISE / ORGANISATION	BESCHREIBUNG	ZIEL
1	Alle Spieler fassen das Schwungtuch mit beiden Händen.	Alle schwingen das Tuch, so daß kleine Wellenbewegungen entstehen.	Kräftigung der Finger-, Arm-, Schulter- und Rumpfmuskulatur
2		Wie vorangehende Übung, dabei die Wellenbewegungen dicht über dem Boden ausführen.	" Dehnung der Rückseite
3	"	Die sich gegenüberstehenden Spieler schwingen jeweils abwechselnd das Tuch.	"
4	"	Alle Spieler, die an den Ecken stehen, schwingen gleichzeitig das Tuch.	"
5	" 	Die Spieler schwingen das Tuch in der Hochhalte.	"

1.6 Tuch (Schwungtuch): Große Schwungbewegungen

NR.	HINWEISE/ORGANISATION	BESCHREIBUNG	ZIEL
6	Alle Spieler fassen das Schwungtuch mit beiden Händen	Das Tuch straff ziehen und mit den Händen abwechselnd nach re und li weitergeben.	Kräftigung der Finger-, Arm- und Schultermuskulatur
7	Flankenkreis, das Schwungtuch mit einer Hand fassen 	Das Tuch mit der re/li Hand fassen und straff ziehen. Auf der Kreisbahn vorwärts gehen, dabei den Oberkörper etwas nach außen lehnen.	" Koordination
8	Alle Spieler verteilen sich an drei Seiten des Tuches.	Das Tuch in die Hochhalte führen, zügig vorwärts gehen und das Tuch fliegen lassen; - dasselbe, aber alle Spieler fassen das Tuch nur an einer Seite.	Kräftigung großer Muskelgruppen, Abstimmung auf den Partner

NR.	HINWEISE / ORGANISATION	BESCHREIBUNG	ZIEL
9	Alle Spieler fassen das Schwungtuch mit beiden Händen.	Spieler schwingen das Tuch im gleichmäßigen Rhythmus tief - hoch - tief ...	Kräftigung der Arm-Schulter-Rumpfmuskulatur, Koordination
10	" 	Wie vorangehende Übung, dabei gehen beim Hochschwingen des Tuches alle Spieler in der Mitte zusammen und beim Herabfallen des Tuches wieder auseinander.	"
11	"	Alle schwingen das Tuch gemeinsam. Auf Zuruf läßt eine Hand das Tuch los und die Teilnehmer führen unter dem ausgestreckten Arm eine ganze Drehung nach re oder li aus.	"
12	" 	Wie vorangehende Übung, dabei auf verschiedene Zurufe des Spielleiters unter dem Tuch hindurch die Plätze tauschen; - die Gegenüberstehenden tauschen die Plätze, - alle Spieler, die an den Enden stehen, tauschen die Plätze, - alle, außer den Eckspielern, wechseln die Plätze, - alle Spieler mit einem bestimmten Anfangsbuchstaben tauschen die Plätze.	Kräftigung der Arm-Schulter-Rumpfmuskulatur; Reaktionsschulung

1.6 Tuch (Schwungtuch): Große Schwungbewegungen

NR.	HINWEISE / ORGANISATION	BESCHREIBUNG	ZIEL
13	Alle Spieler fassen das Schwungtuch mit beiden Händen	Das Tuch gleichmäßig auf- und abschwingen und es im höchsten Punkt loslassen - keiner befindet sich unter dem herabfallenden Tuch.	Kooperation, Reaktion
14	"	Wie vorangehende Übung, aber jeder soll versuchen, mit einer Hand das fallende Tuch wieder zu fassen. 	"

NR.	HINWEISE / ORGANISATION	BESCHREIBUNG	ZIEL
15	Strecksitz 	Die Spieler beugen sich nacheinander in verschiedene Richtungen, so daß eine große kreisende Bewegung des Tuches entsteht.	Dehnung und Kräftigung der Vorder- und Rückseite
16		<u>Iglu bauen</u> Im Sitz Arme nach oben strecken, in die Mitte rücken und das Tuch hinter dem Körper nach unten ziehen. Dieselbe kreisende Bewegung ausführen, wie bei der vorangehenden Übung.	"
17	"	Die Spieler führen das Tuch in die Hochhalte. Durch Rumpfseit- bzw. Vor- und Zurückbeugen der sich jeweils gegenübersitzenden Spieler wird das Tuch von re nach li gezogen.	" Flankendehnung

1.6 Tuch (Schwungtuch) und Ball

NR.	HINWEISE / ORGANISATION	BESCHREIBUNG	ZIEL
18	Alle Spieler fassen das Schwungtuch mit beiden Händen	Einen Ball (Softball, Wasserball oder Pushball) auf das Tuch legen. Den Ball in die Mitte des Tuches rollen und ihn mit dem Tuch so hochheben, daß er nicht wegrollt.	Geschicklichkeit, Abstimmung auf die Gruppe
19		Die Spieler schwingen den Ball möglichst hoch vom Tuch.	"
20		Alle Teilnehmer versuchen, den Ball möglichst am äußersten Rand des Tuches entlang laufen zu lassen.	"
21	"	Die Spieler rollen den Ball gezielt von einem namentlich genannten Spieler zu einem anderen.	" Kennenlernen der Gruppenmitglieder
22	"	Die Teilnehmer werden in zwei Gruppen geteilt und versuchen, den Ball bei der gegnerischen Gruppe vom Tuch zu treiben.	Koordination, Kooperation

NR.	HINWEISE / ORGANISATION	BESCHREIBUNG	ZIEL
1	Längs durch den Raum	In der Vorwärtsbewegung: Horizontale Schlangen über Kopf (das Band von re nach li bewegen). Abwechselnd mit der re/li Hand.	Dehnung und Kräftigung der Arm-Schulter-Rumpfmuskulatur, Beweglichmachen der Handgelenke
2	"	Horizontale Schlangen im Rückwärtsgehen; dabei das Band vor dem Körper abwechselnd auf dem Boden und in der Luft von re nach li bewegen.	Kräftigung der Arm-Muskulatur, Beweglichkeit in den Handgelenken, Koordination
3	"	Wie vorangehende Übung im Vorwärtsgehen - das Band wird hinter dem Körper bewegt.	"
4	" 	<u>Bewegungsverbindung</u> Horizontale Schlangen über Kopf im Vorwärtsgehen - dann das Band aus der Hoch- über die Vor- zur Tiefhalte führen und die Horizontalschlangen im Rückwärtsgehen ausführen. Das Band wieder in die Hochhalte führen und die Übung von vorn beginnen.	" Kombinationsvermögen, Koordination

1.7 Gymnastikband: Schlangen (vertikal)

NR.	HINWEISE / ORGANISATION	BESCHREIBUNG	ZIEL
5	Längs durch den Raum	In der Vorwärtsbewegung: Vertikale Schlangen über Kopf (das Band von oben nach unten bewegen). Abwechselnd mit der re/li Hand.	Dehnung und Kräftigung der Arm-Schulter-Rumpfmuskulatur
6	"	In der Rückwärtsbewegung: Vertikale Schlangen, dabei bleibt das Band in Bodenberührung.	Kräftigung der Armmuskulatur, Beweglichkeit der Handgelenke
7	"	Wie vorangehende Übung, dann versuchen, nach einem betonten Schlag des Bandes nach unten das Bandende mit der anderen Hand zu fassen.	Geschicklichkeit
8	Im Stand: Arm gestreckt in der Seithalte 	Drehungen am Platz nach re und li auch mit Handwechsel, dabei vertikale Schlangen ausführen.	Allgemeine Kräftigung, Koordination

NR.	HINWEISE / ORGANISATION	BESCHREIBUNG	ZIEL
9	Freie Aufstellung	Horizontale Halbkreisschwünge mit 1/2 Drehung in die Schwungrichtung miteinander verbinden.	Kombinationsfähigkeit
10	"	Kreise hinter dem Kopf in der Vertikalen nach re/li - Wechsel aus dem Handgelenk.	Koordination, Beweglichkeit in den Handgelenken
11	"	Verbindung von Frontalkreisen in der Vertikalen mit Kreisen hinter dem Kopf - nach re/li, - mit der re/li Hand.	"
12	" 	Schwünge vw/rw in der Sagittalebene - auf der re Seite mit der re Hand und auf der li Seite mit der li Hand.	Kräftigung und Dehnung der Arm-, Schulter- und Rumpfmuskulatur
13	"	Wie vorangehende Übung: Handwechsel vor und hinter dem Körper ausführen.	"

1.7 Gymnastikband: Schwünge/Kreise

NR.	HINWEISE / ORGANISATION	BESCHREIBUNG	ZIEL
14	Freie Aufstellung	Im Stand: Kreisschwünge in der Sagittalebene: - re/li Körperseite, - re/li Hand, - vw/rw schwingen.	Dehnung und Kräftigung der Schulter- und Rumpfmuskulatur
15	In Linien längs durch den Raum	Wie vorangehende Übung - in der Fortbewegung: - vw und rw gehen, - verschiedene Anzahl von Schritten mit einem Schwung verbinden (z.B.: ein, zwei oder drei Schritte für einen Kreisschwung).	" Rhythmisierungsfähigkeit, Koordination
16	Freie Aufstellung 	Achterschwünge: Verbindung der Kreisschwünge auf der re und li Körperseite, - vw und rw schwingen, - abwechselnd mit re/li Hand.	"
17	In Linien längs durch den Raum	Wie vorangehende Übung in der Fortbewegung: - vw und rw gehen, - verschiedene Anzahl von Schritten zwischen den Schwüngen (z.B.: zwei oder vier Schritte für einen Achterschwung).	"
18	Im Stand: Linke Hand faßt das Bandende	Achterschwünge mit dem Band beschreiben; dabei nacheinander Kreuzen der Arme vor dem Körper und wieder öffnen in die Seithalte.	Allgemeine Kräftigung, Koordination

NR.	HINWEISE / ORGANISATION	BESCHREIBUNG	ZIEL
19	Freie Aufstellung	Im Stand: Frontalkreise nach re und li mit Handwechsel.	Dehnung und Kräftigung der Schulter- und Rumpfmuskulatur, Rhythmisierungsfähigkeit, Koordination
20	In Linien längs durch den Raum	Wie vorangehende Übung in der Fortbewegung; - im vw/rw/sw-Gehen mit unterschiedlichen Schrittfolgen, - Halbkreisschwünge mit Vorwärts- und Rückwärtsgehen verbinden.	"
21	Blockaufstellung	Horizontale Halbkreisschwünge vor dem Körper nach re und li mit Handwechsel, - mit stärkerer Gewichtsverlagerung.	" Mobilisation der Wirbelsäule
22	In Linie längs durch den Raum	Horizontale Halbkreisschwünge im Vorwärts-/ Rückwärtsgehen und - laufen.	" Kombinationsvermögen
23	Blockaufstellung	Wie vorangehende Übung in der Seitwärtsbewegung; - Schwungrichtung gibt Bewegungsrichtung vor.	" Mobilisation der Wirbelsäule

1.7 Gymnastikband: Schwünge

NR.	HINWEISE / ORGANISATION	BESCHREIBUNG	ZIEL
24	Freie Aufstellung	Im Stand: Lassoschwünge über dem Kopf nach re und li mit Handwechsel.	Kräftigung der Arm- und Schultermuskulatur
25	In Linienaufstellung längs durch den Raum	Wie vorangehende Übung - in der Fortbewegung: - vw/rw gehen, - vw/rw laufen.	" Koordination
26	Freie Raumaufstellung 	"Einwickeln": Im Stand: Lassoschwünge über dem Kopf mit Festhalten des Bandendes.	"
27	" 	Im Stand: Vertikale Halbkreisschwünge über dem Kopf nach re und li mit Handwechsel, - mit Gewichtsverlagerung.	Dehnung und Kräftigung der Schulter- und Rumpfmuskulatur
28	Blockaufstellung	Wie vorangehende Übung - in der Seitwärtsbewegung, - mit Seitkreuzschritten, - im Seitgalopp.	" Koordination

NR.	HINWEISE / ORGANISATION	BESCHREIBUNG	ZIEL
29	Freie Aufstellung 	Im Stand: Tiefe und hohe Spiralen in der Vertikalen vor dem Körper mit der re/li Hand.	Kräftigung der Arm-Schulter-Rumpfmuskulatur, Beweglichmachen der Handgelenke
30	"	Wie vorangehende Übung, jedoch die Spiralen an der re und li Körperseite ausführen (Sagittale).	"
31	Längs durch den Raum	Im Vorwärtsgehen Spiralbewegungen in der Vertikalebene an der re und li Körperseite. - Im Rückwärtsgehen: Spiralbewegungen vor dem Körper.	" Koordination
32	Freie Aufstellung 	Im Stand: Tiefe und hohe Spiralen in der Horizontalebene; - vor dem Körper - an der re/li Körperseite - mit ganzer Drehung re/li am Platz.	Allgemeine Kräftigung, Beweglichmachen der Handgelenke
33	Längs durch den Raum in der Fortbewegung	Wie vorangehende Übung: - vorwärts gehen und die Spirale an der re/li Körperseite zeichnen - rückwärts gehen, dabei Spiralbewegung vor dem Körper ausführen.	Koordination

1.7 Gymnastikband: Übungen im Sitzen

NR.	HINWEISE / ORGANISATION	BESCHREIBUNG	ZIEL
34	Strecksitz 	Horizontale Halbkreisschwünge vor dem Körper von re nach li und umgekehrt. - Dasselbe mit aktivem Rumpfvor- und zurückbeugen.	Dehnung und Kräftigung der Schulter-, Rumpf-, Bauch- und Beinmuskulatur
35	Strecksitz und Rückenlage	"Lassoschwünge" (Kreisschwünge) über Kopf in der Horizontalebene nach re und li - Handwechsel - in die Rückenlage begeben und wieder aufrichten.	Dehnung und Kräftigung der Rumpf-, Bauch- und Beinmuskulatur, Koordination
36	Hocksitz	Vertikale Halbkreisschwünge über Kopf von re nach li und umgekehrt; Band weit über Kopf ziehen.	Dehnung der Arm-Schulter-Rumpfmuskulatur, Kräftigung der Bauch-, Gesäß- und Beinmuskulatur

NR.	HINWEISE / ORGANISATION	BESCHREIBUNG	ZIEL
37	Strecksitz 	Vertikale Schlangen im Halbkreis vor dem Körper ausführen, das Band bleibt in Bodenberührung.	Beweglichkeit in den Handgelenken, Dehnung der Rückseite, Kräftigung der Vorderseite
38	Hocksitz 	Die gebeugten Beine gleichzeitig anheben, das Band darunter hindurch nach li und re ziehen, Füße wieder aufstellen. - Handwechsel re/li.	Kräftigung der Bauch- und Beinmuskulatur
Eigene Ideen			

1.8 Seil: Aufwärmübungen

NR.	HINWEISE / ORGANISATION	BESCHREIBUNG	ZIEL
1	Seil der Länge nach auf dem Boden ausbreiten; kreuz und quer im Raum verteilt.	Über die ausgebreiteten Seile balancieren; - vw und sw - auf den Ballen/Fersen.	Dynamisches Gleichgewicht
2	"	An der einen Seite des Seiles vorwärts und an der anderen Seite rückwärts gehen; - dasselbe im Laufen - gegengleiche Bewegungsrichtung.	Koordination
3	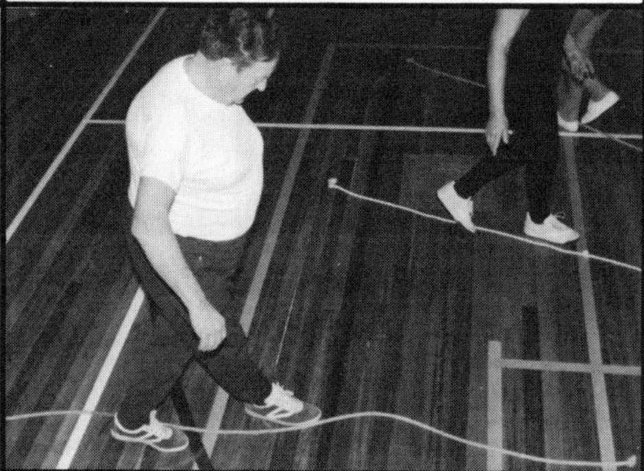	Auf der li Seite des Seiles stehen und mit Kreuzschritten das Seil überqueren; li Fuß übersteigt das Seil von li nach re, re Fuß wird nachgezogen und übersteigt dann das Seil von re nach li; - in der Vw- und Rw-Bewegung.	Gewandtheit
4	Seilende in eine Hand nehmen.	Durch die Halle vw/rw gehen/laufen, - Seil am Boden hinter sich herziehen, - Seil in der Luft halten.	Koordination, Raumorientierung

NR.	HINWEISE/ORGANISATION	BESCHREIBUNG	ZIEL
5	Seil doppel legen und an den Enden fassen.	Mit kleinen Kreisbewegungen aus dem Handgelenk das Seil schwingen; dabei kreuz und quer durch den Raum gehen oder laufen. Auf Abstand zu den Partnern achten!	Koordination, Beweglichkeit der Handgelenke
6	"	Seil in der Hochhalte spannen, dann auf den Ballen/Fersen kreuz und quer durch den Raum gehen; - vw/rw/sw.	Körperstreckung, Raumorientierung, Kräftigung der Rumpfmuskulatur
7	" 	Im Vorwärtsgehen das Seil abwechselnd gespannt über den Kopf und dicht über den Boden führen.	Koordination, Wechsel zwischen Anspannung und Entspannung
8	" 	In der Hochhalte vw und in der Tiefhalte rw gehen; - dasselbe gegengleich.	"
9	Seil doppelt legen und an einem Ende fassen.	<u>Lassoschwünge</u> Mit dem Seil Kreise über den Kopf ausführen, dabei vw/rw/sw gehen.	Koordination, Raumorientierung, Kräftigung der Arm- und Schultermuskulatur

1.8 Seil: Aufwärmübungen

NR.	HINWEISE / ORGANISATION	BESCHREIBUNG	ZIEL
10	Seil an den Enden fassen.	Vorwärtsgehen/ -laufen mit Seildurchschlag; - so viele Schritte wie möglich zwischen den Durchschlägen, - im 3er, 2er und 2er-Schrittfolgen.	Rhythmisierungsfähigkeit, Kräftigung der Arm-, Schulter- und Beinmuskulatur
11	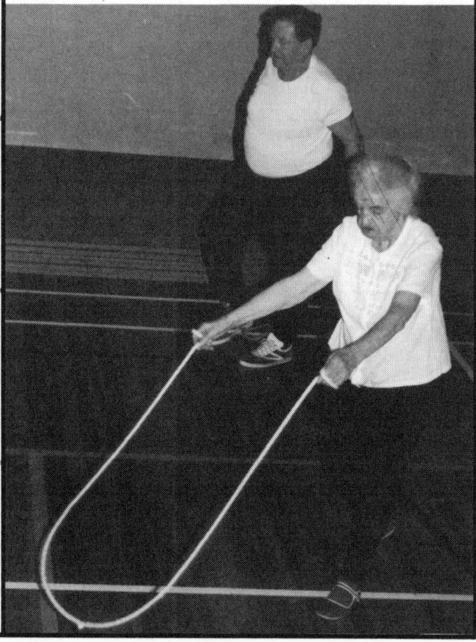	Bewegungsfolgen mit Seildurchschlägen: - vw gehen und Seil vw schlagen, - vw gehen und Seil rw schlagen, - rw gehen und Seil rw schlagen, - rw gehen und Seil vw schlagen, - alles in festgelegten Schrittfolgen.	" Kombinationsfähigkeit

NR.	HINWEISE / ORGANISATION	BESCHREIBUNG	ZIEL
12	Seil vierfach legen und an beiden Enden fassen.	Aus der Hochhalte das Seil am Körper entlang zum Boden und wieder zurück führen.	Mobilisation der Wirbelsäule
13	"	Wie vorangehende Übung, das Seil aber über die Rumpfvorhalte zurückführen; - auch in umgekehrter Bewegungsrichtung.	" Kräftigung der Rückenmuskulatur
14	" 	Seil in der Hochhalte: Verwringung des Oberkörpers nach re und li. Darauf achten, daß Hüften immer in Frontalstellung bleiben!	Mobilisation der Wirbelsäule
15	"	Seil in die Hochhalte führen: Langsames Heben und Senken der Fersen.	Gleichgewicht
16	"	Wie vorangehende Übung: Im Ballenstand Kopf in den Nacken nehmen und zum Seil schauen.	"

1.8 Seil: Übungsformen im Stand

NR.	HINWEISE / ORGANISATION	BESCHREIBUNG	ZIEL
17	Seil vierfach legen und an beiden Enden fassen.	Seil in der Hochhalte: Heben in den Ballenstand, leichtes Beugen der Knie, Senken der Fersen und Strecken der Beine.	Dynamisches Gleichgewicht und Koordination
18	Seil dreifach legen, an beiden Enden fassen und hinter dem Kopf plazieren. 	Das gestraffte Seil von re nach li ziehen; - dasselbe mit leicht gebeugten Knien und Gewichtsverlagerung.	Dehnung und Kräftigung der Arm- und Schultermuskulatur
19	Seil zwei- oder dreifach an beiden Enden fassen und hinter dem Körper plazieren.	<u>"Rücken abtrocknen"</u> Seil hinter dem Körper diagonal spannen, re Hand faßt von oben und li von unten. Auf- und Abziehen des Seiles; - dasselbe gegengleich.	"
20	Seil dreifach legen und an beiden Enden fassen.	In der Tiefhalte das gestraffte Seil vw und rw übersteigen.	Gewandtheit
21	Seil vierfach legen und über einen Fuß hängen.	Vor- und Rückschwingen des Beines, ohne das Seil zu verlieren; - dasselbe im Seitschwingen quer vor dem Körper, - in Achterform.	Dynamisches Gleichgewicht, Kräftigung der Beinmuskulatur

NR.	HINWEISE / ORGANISATION	BESCHREIBUNG	ZIEL
22	Seil an beiden Enden fassen 	Einen Fuß in die Seilmitte stellen und durch Spannen des Seiles langsam das gestreckte Bein nach vorn heben; - dasselbe in andere Richtungen.	Gleichgewicht, Kräftigung der Beinmuskulatur
23	Seil auf den Boden legen 	Mit den Füßen verschiedene Figuren legen, z.B.: Viereck, Kreis, Dreieck, Zahlen oder Buchstaben.	Koordination
24	Seil der Länge nach auf den Boden legen, Schuhe und Strümpfe ausziehen.	Mit den Zehen das Seil anheben und wieder loslassen.	Kräftigung der Fußmuskulatur, Geschicklichkeit
25	"	Mit den Zehen ein Seilende greifen, anheben und auf das andere Seilende legen; - abwechselnd mit re und li Fuß.	"

1.8 Seil: Übungsformen im Sitzen

NR.	HINWEISE / ORGANISATION	BESCHREIBUNG	ZIEL
26	Strecksitz: Seil vierfach legen und an beiden Enden fassen.	Nacheinander das re und das li Bein über das gestraffte Seil strecken und wieder zurückführen. Auf geraden Rücken achten!	Kräftigung der Bauchmuskulatur, Koordination
27	Strecksitz: Seil doppelt legen und an beiden Enden fassen.	Einen Fuß in die Seilmitte stellen und das gestreckte Bein langsam anheben und wieder senken. Auf geraden Rücken achten!	Dehnung der rückwärtigen Beinmuskulatur, Kräftigung der Armmuskualtur
28	Hocksitz: Seil vierfach legen und an beiden Enden fassen. 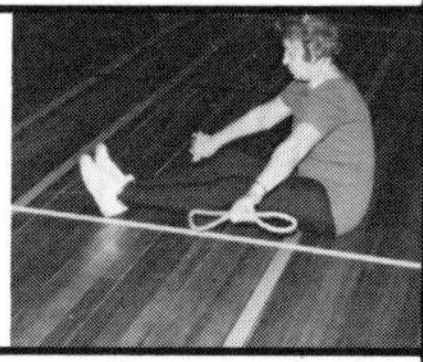	Beide Beine über das Seil heben, Gesäß kurz anheben, Füße aufsetzen und das Seil von vorn nach hinten durchziehen.	Koordination
29	Grätschsitz: Seil vierfach legen und an der Außenseite eines Beines plazieren.	Mit einer Hand das Seil an den gegrätschten Beinen entlang um den Körper ziehen.	Dehnung der Beinmuskulatur
30	Grätschsitz: Seil vierfach legen und in Hochhalte fassen.	Oberkörper zum re/li Bein und in die Mitte abbeugen. Kopf bleibt immer zwischen den Armen!	Dehnung und Kräftigung der Rückenmuskulatur, Dehnung der rückwärtigen Beinmuskulatur

NR.	HINWEISE / ORGANISATION	BESCHREIBUNG	ZIEL
31	Rückenlage	Füße anziehen; Seil doppelt unter die Fußsohlen legen und an beiden Seilenden fassen. Beine gegen den Zug des Seiles nach oben strecken.	Dehnung und Kräftigung der Beinmuskulatur, Kräftigung der Armmuskulatur
32	Rückenlage: Seil doppelt gelegt an beiden Enden fassen.	Arme hinter dem Kopf strecken. Aufrichten des Oberkörpers bis in den Strecksitz und Vorbeugen zu den Beinen. Wieder aufrichten in den Strecksitz und "rundes" Zurückrollen in die Rückenlage.	Dehnung und Kräftigung der Ruckenmuslulatur, Kräftigung der Bauchmuskulatur
33	"	Arme hinter dem Kopf strecken. Oberkörper auf dem Boden nach re und li bewegen. Dabei bleiben Becken und Beine in der Ausgangslage fixiert.	Flankendehnung
34	Rückenlage	Nacheinander re/li Bein gestreckt anheben und zusammengelegtes Seil von der einen in die andere Hand geben.	Dehnung und Kräftigung der Beinmuskulatur
35	Rückenlage,beide Beine beugen und die Füße auf den Boden stellen.	Becken anheben und Seil von der einen zur anderen Seite durchgeben.	Dehnung der Vorderseite, Kräftigung der Rückseite

1.8 Seil: Schwünge im Stand/in der Fortbewegung

NR.	HINWEISE / ORGANISATION	BESCHREIBUNG	ZIEL
36	Ein Seilende in jeder Hand. 	Pendelschwünge mit geöffneter Seilschlinge: - in der Sagittalebene vw und rw, - in der Frontalebene nach re und li, - hinter dem Körper - Hände in Hochhalte - nach re und li.	Geschicklichkeit Kräftigung der Arm- und Schultermuskulatur
37	Seilenden in einer Hand bzw. in beiden Händen.	Wie vorangehende Übung, nur mit geschlossener Seilschlinge im Wechsel ein- und beidhändig schwingen.	"
38	Ein Seilende in jeder Hand.	Kreisschwünge mit geöffneter Seilschlinge: - in der Sagittalebene vw und rw, - in der Frontalebene re und li herum, - Achterschwünge.	"
39	Seilenden in einer Hand oder in beiden Händen.	Wie vorangehende Übung, nur mit geschlossener Seilschlinge im Wechsel ein- und beidhändig schwingen.	"
40	Freie Aufstellung: Seilenden in einer Hand/ in beiden Händen.	Übungen 1-4 in der Fortbewegung: - vw/rw gehen und laufen (Übung 1 + 3), - Sw-Schritte in Pendel- bzw. Schwungrichtung (Übung 2 + 4).	"

NR.	HINWEISE / ORGANISATION	BESCHREIBUNG	ZIEL
41	Ein Seilende in jeder Hand.	Lassoschwünge: Kreisschwünge über dem Kopf mit offener und geschlossener Seilschlinge; - nach re und li.	Geschicklichkeit
42	"	Wie vorangehende Übung in der Fortbewegung: - Schwünge nach re/li mit Vorwärts-, Rückwärts- und Seitwärtsschritten.	"
43	"	Frontale Kreisschwünge mit geöffneter Seilschlinge, dabei läßt die li Hand im Tiefschwung das Seilende los, greift über die re Hand und ergreift wieder das freie Seilende; - auch in umgekehrter Bewegungsrichtung.	"
Eigene Ideen			

Positive Einstellung hilft das Leben meistern!

1.8 Seil: Übungsformen mit dem Partner

NR.	HINWEISE / ORGANISATION	BESCHREIBUNG	ZIEL
44	Partner sitzen sich im Strecksitz gegenüber und fassen re/li die doppelt gelegten Seile an den gegenüberliegenden Enden. 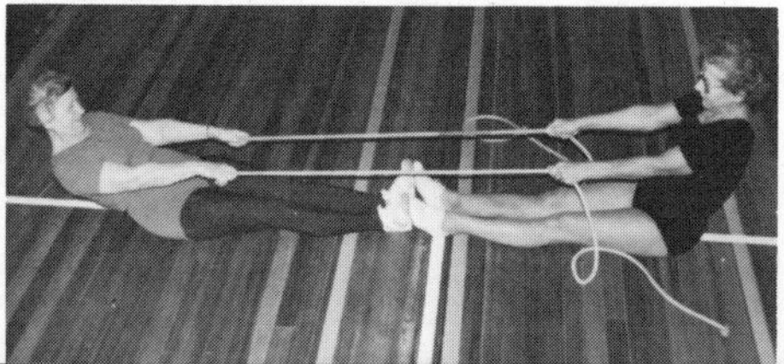	Partner A geht in eine Rumpfbeuge vw, dabei legt sich Partner B auf den Rücken; - gegengleiche Ausführung.	Abstimmung auf den Partner, Dehnung und Kräftigung der Rumpfmuskulatur
45		<u>Fahrradfahren</u> Die Partner legen die Fußsohlen aneinander, lehnen den Oberkörper leicht zurück und fahren Fahrrad.	Kräftigung großer Muskelgruppen
46	Partner stehen nebeneinander und fassen mit der äußeren Hand jeder ein Seilende.	<u>Dreibeinlauf</u> Partner stellen den inneren Fuß in die Seilmitte, straffen das Seil und bewegen sich so auf freien Raumwegen.	Abstimmung mit dem Partner, Koordination

NR.	HINWEISE / ORGANISATION	BESCHREIBUNG	ZIEL
47	Partner stehen sich gegenüber und fassen die Seilenden 	Partner steigen auf der gleichen Seite mit einem Bein von außen nach innen über das Seil, drehen sich über die offene Seite mit dem Rücken zueinander und nehmen dabei die Gegenarme mit über den Kopf. Danach weiterdrehen, bis die Partner wieder gegenüberstehen und außen übersteigen.	Abstimmung mit dem Partner, Beweglichkeit
48	Partner stehen sich gegenüber und fassen re/li die doppelt und über Kreuz gelegten Seilenden. 	Mühle Partner lehnen den Oberkörper leicht zurück und bewegen sich mit Seitwärtsschritten auf einer Kreisbahn; - Richtung wechseln, - Variationen im Tempo.	Abstimmung mit dem Partner
49	Pro Paar ein Seil auf freien Raumwegen.	Partner A legt das Seil um die Taille von Partner B und faßt beide Seilenden; Partner B schließt die Augen und geht vw. B erhält durch Zug von re oder li die jeweilige Bewegungsrichtung vom Partner.	Raumorientierung

1.8 Seil: Partnerübungen

NR.	HINWEISE / ORGANISATION	BESCHREIBUNG	ZIEL
50	Partner stehen sich gegenüber und fassen re/li die doppelt und über Kreuz gelegten Seilenden. 	Partner drehen gleichzeitig den Rumpf nach re und li.	Dehnung und Kräftigung der Muskulatur des Schultergürtels
51	Partner stehen Rücken an Rücken und fassen re/li die doppelt und über Kreuz gelegten Seilenden. 	Partner stehen in Schrittstellung, Arme in der Hochhalte. Langsames vor- und zurückziehen des Seiles. Hohlkreuz vermeiden!	Dehnung der Vorderseite, Kräftigung der Rückseite
52	Freie Raumaufstellung	Partner A faßt ein Seilende und bewegt sich durch den Raum. Partner B versucht, das freie Seilende zu erhaschen.	Reaktions-schnelligkeit

NR.	HINWEISE / ORGANISATION	BESCHREIBUNG	ZIEL
53	zwei Seile zusammenknoten	"Schlange fassen" Ein Spieler hält ein Ende des langen Seiles und bewegt sich schnell durch den Raum. Die anderen Mitspieler versuchen, das freie Ende mit den Händen zu fassen. Gelingt dies einem Spieler , wird dieser zum Schlangenkopf.	Reaktionsschnelligkeit
54	Mannschaften zwischen 4 und 5 Teilnehmern. Pro Spieler je ein Seil	"Zahlenreihe legen" Der Spielleiter gibt eine bestimmte Zahlenreihe vor (z.B. 8156). Auf Zeichen versucht jede Mannschaft, die Zahlen zu legen; - von Hand, - mit den Füßen.	Geschicklichkeit, Kooperation, Kombinationsfähigkeit.
55		Variation Das Spiel ist auch mit Namen bzw. Begriffen sowie mit geometrischen Formen möglich. Z.B. kann die Aufgabe heißen: "Baut ein Haus!".	"

1.9 Zauberschnur: Übungen in der Kreisaufstellung

NR.	HINWEISE/ORGANISATION	BESCHREIBUNG	ZIEL
1	Stirnkreis. Die Zauberschnur wird an den Enden zusammengeknotet. Die Teilnehmer fassen die Zauberschnur mit beiden Händen.	Gemeinsam in die Kreismitte gehen und wieder nach außen, dabei die Schnur so weit wie möglich auseinanderziehen.	Kräftigung der Arm-Schulter-Rumpfmuskulatur
2	"	Rumpftiefbeugen - wieder aufrichten und die Zauberschnur in die Hochhalte führen. Dann den Oberkörper - ohne Nachfederung - nach hinten neigen.	Dehnung und Kräftigung der Vorder- und Rückseite
3	" 	Die Zauberschnur in beiden Händen halten und nach re/li weitergeben.	Fingerbeweglichkeit, Geschicklichkeit
4	" 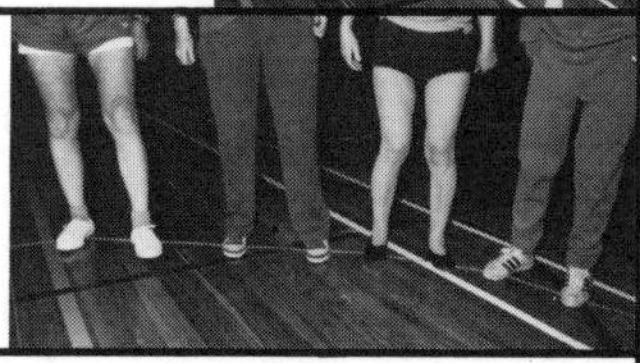	Mit beiden Füßen - barfuß - auf die gespannte Zauberschnur stellen und mit Anstellschritten sw nach re/li balancieren, ohne den Kreis zu verkleinern.	Beweglichkeit der Zehen; Gleichgewicht
5	"	Zauberschnur mit beiden Händen in der Vorhalte fassen, wechselseitig (re/li) mit den Knien berühren (Knieheben) und auf dem Standbein ausbalancieren.	Kräftigung der Beinmuskulatur; Gleichgewicht

NR.	HINWEISE / ORGANISATION	BESCHREIBUNG	ZIEL
6	In Reihen. Die Teilnehmer stehen dicht hintereinander und fassen die Zauberschnur mit der re/li Hand.	Auf verschiedenen Raumwegen durch die Halle gehen/traben. Mit Musik!	Erwärmung der Muskulatur, Raumorientierung
7	"	<u>Letra-Mix:</u> Vorwärtsgehen: Auf Zuruf innerhalb der Reihen verschiedene Zahlen oder Buchstaben bilden.	" Kooperation
8		<u>Ringelnatter:</u> Vorwärtsgehen: Der Vordermann versucht, durch geschicktes Führen der Gruppe den letzten Spieler mit der Hand zu berühren - ersten Spieler auswechseln.	Koordination, Raumorientierung, Abstimmung auf die Gruppe

1.10 Keulen: Aufwärmübungen

NR.	HINWEISE / ORGANISATION	BESCHREIBUNG	ZIEL
1	Freie Aufstellung; jeder hat 2 Keulen	Die Keulen auf den Boden stellen und vorwärts und rückwärts auf freien Wegen um sie herumgehen.	Erwärmung der Muskulatur, Raumorien-tierung
2	"	Die Keulen am bauchigen Ende fassen und in verschiedenen Rhythmen aneinander-schlagen. Dazu im Takt fortbewegen.	Rhythmus-schulung, Koordination
3		Wie vorangehende Übung, dabei verschiedene Übungsverbindungen ausführen, z. B. - acht Schläge vorwärtsgehen und acht Schläge am Platz federn; - vier Schläge vorwärtsgehen und vier Schläge auf den Boden in Hockstellung - eigene Übungsverbindungen finden lassen.	Kombinations-vermögen
4	"	Im Vorwärts- und Rückwärtsgehen Mühlkreisen mit den Armen.	Erwärmung der Muskulatur, Koordination

NR.	HINWEISE / ORGANISATION	BESCHREIBUNG	ZIEL
5	Freie Aufstellung; jeweils eine Keule in der re und li Hand am Kopf fassen	Im Vorwärtsgehen: Die Keulen nacheinander vor und hinter dem Körper zusammenschlagen.	Beweglichkeit des Schultergürtels, Koordination
6	" 	Arme befinden sich ausgestreckt in der Seithalte: Seit-Kreuz-Schritte gehen und beim Kreuzen der Beine die Keulen in der Hochhalte zusammenschlagen, Arme befinden sich ausgestreckt in der Seithalte:	Kräftigung der Arm-Schultermuskulatur, Koordination
7	"	Seitgalopphüpfer, dabei Kreuzen der Arme vor dem Körper - dasselbe, dabei die Arme nacheinander vor und hinter dem Körper kreuzen	Kräftigung der Beinmuskulatur, Koordination
8	"	In der Frontalebene nacheinander mit dem re bzw. li Arm 1/1-Kreis beschreiben; dasselbe mit beiden Armen gleichzeitig	" Beweglichkeit der Arm-Schultermuskulatur
9	"	Beide Arme befinden sich an der rechten Körperseite. Seitgalopphüpfer mit parallelem Armkreisen in der Frontalebene von re nach li und entgegengesetzt.	"

1.10 Keulen: Aufwärm- und Gleichgewichtsübungen

NR.	HINWEISE / ORGANISATION	BESCHREIBUNG	ZIEL
10	Im Stand: jeder 1 Keule	Keule steht auf dem Boden. Anheben des re Beines und Fußkreisen um den Kopf der Keule herum, - im Wechsel re/li.	Beweglichkeit der Fußgelenke; Gleichgewicht
11	" 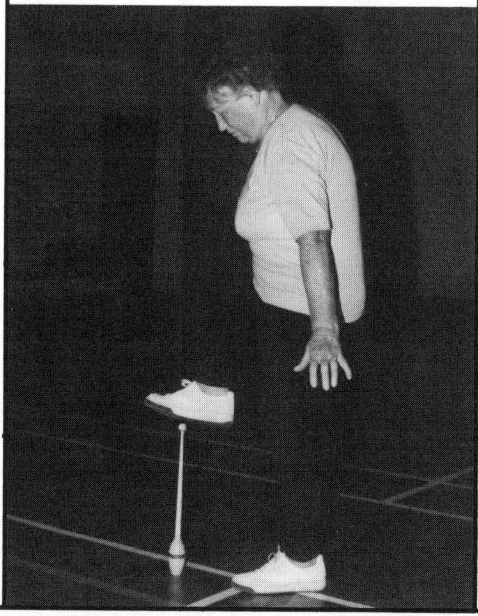	Anheben des re Beines über die Keule. Das Bein langsam senken und mit dem Fuß vorsichtig die Keule berühren, ohne daß sie umfällt. **Persönliche Notizen:**	Kräftigung der Beinmuskulatur, Gleichgewicht

NR.	HINWEISE / ORGANISATION	BESCHREIBUNG	ZIEL
12	Im Stand: Jeder 1 Keule	Für Geübte: Arm in Vorhalte; Keule mit einer Hand am Kopf fassen: Keule fallen lassen und dicht über dem Boden wieder auffangen; - dasselbe mit 2 Keulen - in jeder Hand eine	Geschicklichkeit, Reaktion
13	" 	Die waagerecht gehaltene Keule aus der Vorhalte hochwerfen und wieder fangen.	"
14	"	Wie vorangehende Übung; dabei aus dem Pendelschwung in der Sagittalebene 1/2 oder 1/1 Umdrehung der Keule ausführen. Fangen mit der Wurfhand oder mit der anderen Hand.	"
15	" Jeder 2 Keulen	Wie vorangehende Übung mit zwei Keulen nacheinander. Abwurf re, fangen re, dann Abwurf li und fangen li (für Geübte).	"
16	jeder 1 Keule 	Keule auf der Handinnenfläche balancieren; - Handwechsel re/li - im Stand und in der Fortbewegung.	Objektgleichgewicht

1.10 Keulen: Übungen im Sitzen und in der Bauchlage

NR.	HINWEISE / ORGANISATION	BESCHREIBUNG	ZIEL
17	Hocksitz 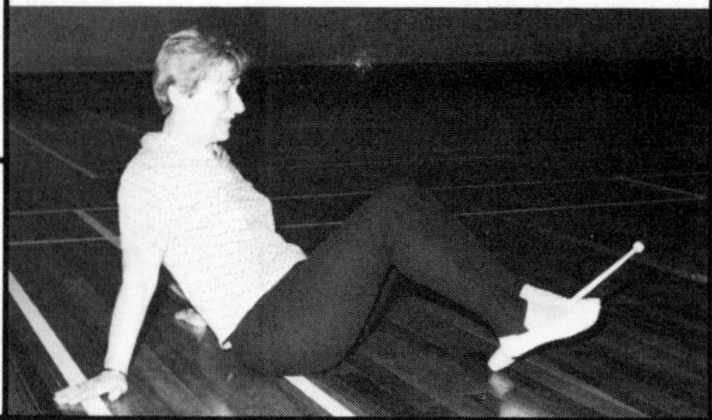	Die auf dem Boden liegende Keule mit beiden Füßen am Kopf greifen und aufstellen.	Kräftigung der Bauch-, Gesäß- und Bauchmuskulatur, Geschicklichkeit
18		Wie vorangehende Übung, dabei die Keule mit einem Fuß fassen und aufstellen. Im Wechsel re/li Fuß.	"
19	Grätschsitz	Die Keulen stehen in Höhe der Fußgelenke zwischen den gegrätschten Beinen auf dem Boden. Die Beine gestreckt anheben, über die Keulen führen und in der Mitte ablegen. Dasselbe entgegengesetzt.	Kräftigung der Bauch-, Gesäß- und Beinmuskulatur, Dehnung der Beininnenseite
20	Strecksitz 	Keulen stehen in Höhe der Fußgelenke re und li neben den Füßen. Anheben des re Beines über die li Keule und des li über die re Keule.	Kräftigung der Bauch-, Gesäß- und Beinmuskulatur; Mobilisation des Hüftgelenks
21	Bauchlage, in jeder Hand eine Keule	Leichtes Anheben des Oberkörpers und die Keulen vor dem Körper auf den Boden stellen.	Kräftigung der Rückenmuskulatur; Dehnung der Brustmuskulatur

NR.	HINWEISE / ORGANISATION	BESCHREIBUNG	ZIEL
22	Im Stand: Jeder 1 Keule	Keule in der Sagittalebene aus der Vor- über die Tief- in die Rückhalte schwingen und wieder zurück; - im Wechsel re/li - mit Übergeben der Keule vor und hinter dem Körper	Beweglichmachen des Schultergelenks; Koordination
23	" 1 bzw. 2 Keulen	Wie vorangehende Übung, jedoch die Keule aus der Vor- über die Hoch- zur Rückhalte schwingen und umgekehrt. - Im Wechsel re/li Hand, - jeweils 1 Keule in der re u. li Hand.	"
24	"	Keule mit der re Hand an der re und li Körperseite vor- und zurückschwingen; - mit Handwechsel vor dem Körper, - mit 2 Keulen	"
25	Im Stand: Jeweils 1 Keule in der re und li Hand	Gegenschwung: Beide Arme schwingen gegengleich vorwärts und rückwärts links und rechts neben dem Körper	"
26	"	Wie vorangehende Übung, dabei den Rumpf drehen und die Arme bis zur Hochhalte führen; - dasselbe und die Keulen in der Hochhalte aneinanderschlagen.	Mobilisation der Wirbelsäule, Koordination

1.10 Keulen: Kreisschwünge

NR.	HINWEISE / ORGANISATION	BESCHREIBUNG	ZIEL
27	Im Stand: 1 bzw. 2 Keulen	Kreisschwünge in der Frontalebene - im Wechsel re/li Hand - mit Änderung der Schwungrichtung, einwärts - auswärts - mit 2 Keulen Bewegungsverbindung finden.	Mobilisation des Schultergelenkes, Koordination
28	"	Kreisschwünge in der Sagittalebene; - im Wechsel an der re/li Körperseite - mit Schwungrichtungswechsel - mit Handwechsel vor oder hinter dem Körper - Gleichkreisen (mit 2 Keulen) an der re und li Körperseite vorwärts und rückwärts - paralleles Kreisen beider Arme an einer Körperseite - Mühlarmkreisen Alle Übungsformen im Stand und in der Fortbewegung.	"
29	Im Stand: 1 Keule 	Kreisschwünge in der Horizontalebene - über dem Kopf - re/li im Wechsel vor oder neben dem Körper unter dem Arm hindurch; - Spiralbewegung / großer Kreis über dem Kopf, kleiner Kreis unter dem Arm	"

NR.	HINWEISE / ORGANISATION	BESCHREIBUNG	ZIEL
30	Im Stand: 1 bzw. 2 Keulen	Keule vor dem Körper aus der Seit- über die Tiefhalte nach re und li schwingen; - dass. mit Handwechsel an der re und li Körperseite, - dass. mit betonter Gewichtsverlagerung auf das re und li Bein.	Kräftigung der Arm-Schulter-Rumpfmuskulatur, Mobilisation des Schultergelenks, Koordination
31	"	Wie vorangehende Übung, dabei die Keule im Wechsel vor und hinter dem Körper nach re und li schwingen; - dass. mit 2 Keulen, dabei Kreuzen der Arme vor und hinter dem Körper.	"
32	Grätschstand: 2 Keulen	Beide Keulen von der re Körperseite über die Hochhalte nach links führen, dabei Gewichtsverlagerung vom re auf das li Bein.	Kräftigung der Arm-Schulter- und Beinmuskulatur
33	"	Wie vorangehende Übung, aber die Keulen in der Horizontalebene von re nach li schwingen. Rumpf dreht mit.	Mobilisation der Wirbelsäule
34	Im Stand: 2 Keulen	Die Keulen in der Horizontalebene aus der Seit- in die Vorhalte führen, dabei die Keulen vor und hinter dem Körper aneinanderschlagen.	Beweglichkeit des Schultergelenks, Koordination

1.10 Keulen: Spielerische Übungsformen

NR.	HINWEISE / ORGANISATION	BESCHREIBUNG	ZIEL
35	Pendelstaffel: Die Teilnehmer jeder Mannschaft stehen sich in Reihen mit gleicher Spielerzahl gegenüber. Zwischen den Reihen wird mit den Keulen eine Gasse aufgebaut. Jede Mannschaft hat einen Gymnastikball.	Kegelgasse A rollt den Ball durch die Gasse zu B und stellt sich ans Ende seiner Gruppe. B nimmt den Ball kurz auf und rollt ihn wieder hinüber zu C usw. Ziel des Spieles ist es, möglichst wenig Keulen mit dem Ball umzuwerfen. Die Abstände der Keulen in der Gasse können zunehmend verkleinert werden.	Geschicklichkeit, Beweglichkeit, Zielgenauigkeit
36	Umkehrstaffel: Reihenaufstellung mit gleicher Spielerzahl vor einer umgedrehten Bank. Jede Gruppe hat 5-6 Keulen. 	Geschicklichkeitsparcours Die ersten Spieler der Mannschaften stellen alle Keulen so auf die umgedrehte Bank, daß keine umfällt und gehen auf der anderen Seite der Bank zum nächsten Mitspieler zurück. Dieser sammelt auf dem Hinweg alle Keulen wieder ein, geht zurück und übergibt sie an den 3. Mitspieler. Der Ablauf beginnt von vorn. Der Parcours ist beendet, wenn alle Spieler wieder in ihrer Ausgangsposition stehen.	Geschicklichkeit, Kooperation

NR.	HINWEISE / ORGANISATION	BESCHREIBUNG	ZIEL
1	Freie Aufstellung 	Vorwärts gehen, dabei den Stab als Spazierstock benutzen, Handwechsel re/li.	Erwärmung der Muskulatur, Raumorientierung
2	"	Alle Stäbe liegen auf dem Boden. Im Slalom um alle Stäbe herumgehen.	"
3	"	Im Vorwärtsgehen über jeden Stab einen großen Schritt machen; - Ausfallschritt.	" Kräftigung der Beinmuskulatur
4	"	Den Stab waagerecht vor dem Körper an den Stabenden fassen. Den Stab hochwerfen und fangen - im Stand, - in der Fortbewegung, - mit 1/2 Drehung des Stabes.	Dehnung und Kräftigung der Arm-Schulter-Rumpfmuskulatur, Koordination

1.11 Stab: Übungsformen in der Kreisaufstellung

NR.	HINWEISE / ORGANISATION	BESCHREIBUNG	ZIEL
5	Stirnkreis 	Hocksitz, Stäbe werden ca. 30 cm über dem Boden gehalten. Einer beginnt über die Stäbe zu steigen. Die nächsten folgen, wenn ihr Stab vom letzten überstiegen worden ist. Nach dem Übersteigen nimmt der erste wieder seinen Platz ein usw.	Koordination
6	" Stäbe höher halten	Wie vorangehende Übung, aber unter den Stäben hindurchkriechen.	Gewandtheit
7	Gleiche Ausgangsstellung: einen Stab tief, den nächsten höher halten	Wie vorangehende Übung, aber im Wechsel über einen Stab steigen und unter dem nächsten hindurchkriechen.	Koordination

NR.	HINWEISE / ORGANISATION	BESCHREIBUNG	ZIEL
8	Freie Aufstellung	Stab mit einer Hand senkrecht vor dem Körper halten. Im Vorwärtsgehen den Stab vor und hinter dem Körper in die andere Hand übergeben.	Koordination, Beweglichmachen des Schultergürtels
9	" 	Balancieren des Stabes mit der re/li Hand; die andere Hand sichert - re/li Fingerspitzen.	Objektgleichgewicht, Geschicklichkeit
10	"	Wie vorangehende Übung, während des Balancierens Handwechsel durch leichtes Hochwerfen des Stabes.	"
11	"	Stab mit einer Hand senkrecht vor dem Körper auf den Boden stellen. Um den Stab herumgehen nach rechts und links.	Koordination
12	"	Unter dem Arm hindurchdrehen - Stab in Schulterhöhe halten - Stab auf den Boden stellen.	Beweglichkeit, Gewandtheit

1.11 Stab: Übungsformen im Stand

NR.	HINWEISE / ORGANISATION	BESCHREIBUNG	ZIEL
13	Stab in Hochhalte an beiden Enden gefaßt 	Stab hinter dem Kopf bis zu den Schultern und über die Hochhalte zurück bis in Brusthöhe führen.	Kräftigung und Dehnung der Schulter-muskulatur, Beweglichkeit
14	Stab an beiden Enden gefaßt hinter dem Kopf auf die Schultern legen 	Stab nach re und li ziehen, - dasselbe gegen den Widerstand der anderen Hand.	Kräftigung der Schulter-muskulatur
15	Stab in Hochhalte an beiden Enden gefaßt	Den Stab vorn am Körper entlang bis zu den Füßen führen und wieder zurück.	Kräftigung und Dehnung der Rückseite

NR.	HINWEISE / ORGANISATION	BESCHREIBUNG	ZIEL
16	Stab an beiden Enden fassen	Wie vorangehende Übung, Stab jedoch über die Vorhalte in die Hochhalte führen. Auch in umgekehrter Bewegungsrichtung.	Dehnung und Kräftigung der Schultermuskulatur
17	"	Arme sind in der Hochhalte. Oberkörper in die Rumpfbeuge senken, wieder aufrichten.	" Kräftigung der Rückenmuskulatur
18	"	Kreisbewegungen auf der re und li Körperseite (Achterschwünge).	Koordination, Beweglichkeit der Schultern
19	Stab an einem Ende fassen	Stab aus der Vorhalte mit der re Hand über Kopf in die Rückhalte führen und mit der li Hand über den Kopf zurück in die Vorhalte.	Koordination
20	"	Pendelschwünge in der Frontalebene vor dem Körper; - Verbindung von Schwüngen vor und hinter dem Körper.	"

1.11 Stab: Übungsformen im Stand

NR.	HINWEISE / ORGANISATION	BESCHREIBUNG	ZIEL
21	Stab mit einer Hand an einem Ende fassen	Stab hinter dem Körper über die Schulter in die andere Hand geben: - von re oben nach li unten - von li oben nach re unten.	Beweglichkeit der Schultern
22	Grätschstand	Mit einer Hand die Stabmitte fassen: In Form einer liegenden Acht den Stab durch die Beine in die jeweils freie Hand geben.	Koordination, Kräftigung der Rumpfmuskulatur
23	"	Mit einer Hand die Stabmitte fassen: Rechtes Bein anheben und den Stab darunter von der re in die li Hand geben; - gegengleiche Ausführung.	Dehnung und Kräftigung der Beinmuskulatur
24	"	Stab waagerecht vor die Füße auf den Boden legen: Rechten Fuß ohne Belastung auf den Stab stellen: - Vorwärts- und Rückwärtsrollen des Stabes - das gleiche mit dem li Fuß.	Kräftigung der Beinmuskulatur, Gleichgewicht
25	"	Stab in Hochhalte an beiden Enden gefaßt: Rumpfdrehen nach re und li.	Mobilisation der Wirbel-säule

NR.	HINWEISE / ORGANISATION	BESCHREIBUNG	ZIEL
26	Im Stand 	Stab waagerecht halten: Stab vorwärts und rückwärts übersteigen.	Koordination, Beweglichkeit
27	"	Stab waagerecht in Vorhalte: Stab fallen lassen und kurz über dem Boden auffangen. Beim Fangen zeigen die Handinnenflächen - nach oben - nach unten.	Reaktions-schulung
28	"	Der waagerecht gehaltene Stab wird in der Vorhalte mit einer Hand in der Stabmitte gefaßt: Drehen des Stabes über den Hand-rücken und wieder zufassen: Im Wechsel re/li.	Geschicklich-keit, Reaktion

1.11 Stab: Übungsformen im Sitzen

NR.	HINWEISE / ORGANISATION	BESCHREIBUNG	ZIEL
29	Hocksitz 	Den Stab aus der Hochhalte vor die Füße legen und wieder aufnehmen; Übung wiederholen und dabei zunehmend die Beine strecken.	Dehnung und Kräftigung der Rückseite
30	Strecksitz	Der Stab liegt auf den Beinen: Durch Anheben der Beine den Stab zum Körper hin rollen, durch Anheben des Gesäßes soll der Stab zu den Füßen zurückgerollt werden.	Kräftigung der Arm-Schulter- und Bauch-muskulatur
31	"	Der Stab wird mit einer Hand gehalten, das freie Stabende berührt den Boden: Stab in weiten Kreisen um den Körper herumführen; dabei aktiv den Rumpf bewegen: - mit einer Hand - re und li im Wechsel.	Dehnung und Kräftigung der Rumpf- und Beinmuskulatur
32	"	Stab in Vorhalte: rechtes und linkes Bein im Wechsel überspreizen.	Kräftigung der Bauch- und Beinmuskulatur
33	"	Arme in Hochhalte: Rumpfdrehen nach rechts und links, Beine bleiben gestreckt auf dem Boden.	Mobilisation der Wirbel-säule

NR.	HINWEISE / ORGANISATION	BESCHREIBUNG	ZIEL
34	Strecksitz	Wie vorangehende Übung, dabei wird der Stab auf den Schultern abgelegt.	Beweglichkeit der Schultern, Mobilisation der Wirbel-säule
35	" 	Arme in Vorhalte, der Stab wird an den Stabenden gefaßt: Rumpfdrehen nach rechts und Ablegen des Stabes hinter dem Körper; Rumpfdrehen nach links und Aufnehmen des Stabes - auch gegengleich.	"
36	"	Arme in Hochhalte: Den Stab an der Rückseite des Körpers nach unten führen und wieder zurück in die Ausgangsposition.	Dehnung und Kräftigung der Arm-Schulter-Rumpfmuskulatur
37	Grätschsitz 	Der Stab liegt zwischen den Beinen auf dem Boden: Rumpfvorbeugen, dabei den Stab so weit wie möglich mit beiden Händen nach vorn rollen und wieder zurück (Rücken bleibt gerade).	Dehnung der Rückseite, Kräftigung der Rumpfmuskula-tur, Dehnung der Beininnen-seite
38	Hocksitz	Der Stab liegt vor den Füßen auf dem Boden: Den Stab mit den Füßen nach vorn rollen und wieder zurückrollen.	Kräftigung der Bauch-, Gesäß- und Bein-muskulatur

1.11 Stab: Übungsformen in der Bauchlage

NR.	HINWEISE / ORGANISATION	BESCHREIBUNG	ZIEL
39	Bauchlage 	Der Stab liegt quer vor dem Körper auf dem Boden, die Hände liegen auf dem Stab. Den Stab mit den Händen möglichst weit nach vorn und wieder zum Körper zurückrollen; dabei den Oberkörper nur ganz leicht anheben, die Stirn zeigt zum Boden.	Kräftigung der Rücken- und Schultermuskulatur.
40	"	Die Hände fassen die Stabenden, die Arme sind gestreckt; den Stab mit ausgestreckten Armen nach oben führen, dabei Aufrichten des Rumpfes, und wieder auf den Boden legen - Atmung beachten.	Dehnung der Vorderseite, Kräftigung der Rückseite
41	"	Stab liegt in Längsrichtung vor dem Körper auf dem Boden, eine Hand faßt das Stabende: Stab in weiten Kreisen um den Körper herumführen - Handwechsel hinter dem Rücken.	"

NR.	HINWEISE / ORGANISATION	BESCHREIBUNG	ZIEL
42	Partner stehen hintereinander, jeweils die Stabenden haltend	Die Stäbe werden gegengleich vor- und rückgeschwungen, dabei - vw gehen - vw laufen.	Koordination, Anpassung an den Partner
43	Partner stehen Rücken an Rücken, jeweils die Stabenden haltend	Die Stäbe werden gleichzeitig über die Seite in die Hochhalte geführt; dabei in den Ballenstand heben; - auch gegenüberstehend.	Kräftigung der Arm-Schulter-muskulatur, Gleichgewicht
44	Partner stehen Rücken an Rücken - beide Stäbe auf einer Seite -	Die Stäbe werden parallel über die Hochhalte zur anderen Seite in die Tiefhalte geführt.	Kräftigung der Arm- und Schulter-muskulatur, Mobilisation der Wirbelsäule
45	Partner stehen sich in einem Abstand von ca. 3 m gegenüber, Stäbe senkrecht auf den Boden	Die Partner lassen ihren eigenen Stab los und versuchen, den Stab des anderen zu erreichen, bevor er umfällt.	Reaktions-schnelligkeit, Geschicklich-keit
46	Partner stehen voreinander, jeweils die Stabenden fassen 	Stäbe parallel nach re und li hin- und herbewegen und im höchsten Punkt unter den Stäben hindurchdrehen (Rhythmus = re, li, 1/1 Drehung).	Beweglichkeit der Schultern, Anpassung an den Partner

1.11 Stab: Partnerübungen

NR.	HINWEISE / ORGANISATION	BESCHREIBUNG	ZIEL
47	Partner stehen in verschiedenen Abständen einander gegenüber, je zwei einen Stab	Zuwerfen des waagerecht gehaltenen Stabes.	Anpassung an das Gerät, Koordination
48	Ein Stab liegt waagerecht vor einem Partner auf dem Boden	Zurollen des Stabes - mit den Händen - mit einem Fuß.	Geschicklichkeit
49	Partner stehen Rücken an Rücken, ein Partner faßt den Stab mit beiden Händen	Partner A übergibt den Stab mit Rumpfdrehen nach re an Partner B, der ihn mit Rumpfdrehen nach li übernimmt, - das gleiche in umgekehrter Bewegungsrichtung.	Mobilisation der Wirbelsäule
50	Partner sitzen voreinander, jeweils die Stabenden fassen	Partner versuchen abwechselnd den Rücken auf den Boden zu legen; - mit gebeugten Beinen - im Strecksitz.	Kräftigung der Rumpfmuskulatur, Dehnung der Rückseite
51	Partner sitzen voreinander, ein Stab in der Mitte wird von beiden gefaßt	Gemeinsames Aufstehen und Hinsetzen. (Starke Kniebelastung!)	Kräftigung der Bein-, Arm- und Rumpfmuskulatur, Anpassung an den Partner

NR.	HINWEISE / ORGANISATION	BESCHREIBUNG	ZIEL
52	Partner stehen voreinander, 1 Stab 	Fallstab Partner A umgreift den von Partner B senkrecht gehaltenen Stab mit leicht geöffneter Hand am unteren Ende (Abstand zum Stab ca. 1 cm). B läßt den Stab fallen und A versucht, den Stab durch Schließen der Hand möglichst früh abzufangen.	Reaktionsschnelligkeit
53	Partner in Bauchlage auf einer Matte voreinander, 1 Stab 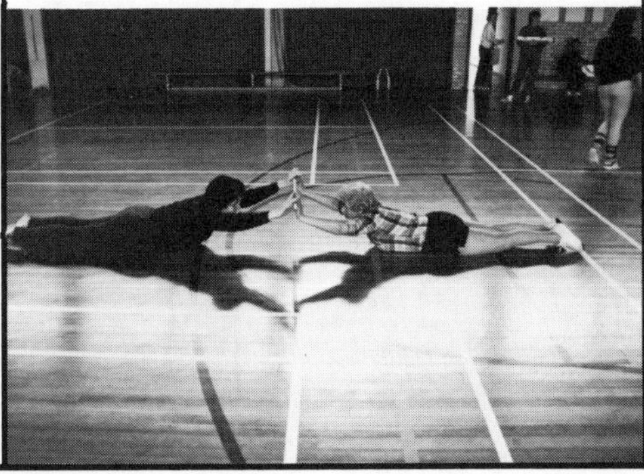	Partner A hält den Stab an den Enden. Beide Partner heben gleichzeitig den Oberkörper und Partner A übergibt den Stab an B. Wieder gleichzeitiges Senken des Oberkörpers.	Dehnung der Vorderseite, Kräftigung der Rückseite

1.11 Stab: Spielerische Übungsformen

NR.	HINWEISE / ORGANISATION	BESCHREIBUNG	ZIEL
54	Die Teilnehmer jeder Mannschaft stehen sich in Reihen mit gleicher Spielerzahl gegenüber (Pendelstaffel)	"Ringhockeystaffel" Jeder Spieler hält einen Gymnastikstab in der Hand, mit dem er einen Tennisring über den Boden schieben soll. Der Ring soll nacheinander von jedem Teilnehmer der Mannschaft zum gegenüberstehenden Mitspieler geschoben werden. Sieger ist die Mannschaft, in der sich alle Spieler zuerst wieder in der Ausgangsposition befinden.	Kooperation
55	Aufstellung in Reihen zu gleicher Spieleranzahl	"Stabstaffel" Ein Stab liegt auf dem Boden und muß mit den beiden anderen Stäben um die Markierung geführt werden. Dann werden die Stäbe an den nächsten übergeben. Sieger ist die Mannschaft, die zuerst wieder in der Ausgangsposition steht.	"

NR.	HINWEISE / ORGANISATION	BESCHREIBUNG	ZIEL
56	Aufstellung im Flankenkreis	"Stabfassen" Jeder Mitspieler hat einen Stab und stellt ihn mit der Innenhand seitlich auf den Boden. Die Teilnehmer stehen dicht hintereinander. Auf Zuruf des Spielleiters läßt jeder seinen Stab los und versucht, den des Vordermannes zu erreichen, - dasselbe mit Richtungswechsel - dasselbe mit größeren Abständen.	Einstellung auf den Partner, Reaktionsschulung

1.12 Bank: Übungsformen in der Fortbewegung

NR.	HINWEISE / ORGANISATION	BESCHREIBUNG	ZIEL
1	Bänke in Reihen hintereinander	Mit großen Schritten die Bänke vw übersteigen.	Allgemeine Erwärmung, Koordination
2	" 	Mit gegrätschten Beinen über die Bänke gehen, Bank zwischen den Beinen.	"
3	" 	Wie vorangehende Übung, nur im Vierfüßlergang: Hände auf der Bank, Beine re und li von der Bank auf dem Boden.	" Kräftigung der Arm- und Rumpfmuskulatur
4	"	Wie vorangehende Übung, dabei von re nach li die Bank übersteigen.	Kräftigung der Arm- und Beinmuskulatur, Koordination
5	"	Von einem Ende der Bank im Sitz mit seitlichen Anstellschritten zum anderen Ende über die Bank rutschen.	Koordination, Kräftigung der Beinmuskulatur

NR.	HINWEISE / ORGANISATION	BESCHREIBUNG	ZIEL
6	Bänke in Reihen hinter-einander	Mit Kreuzschritten über die Bank steigen. Aus der Ausgangsstellung (Füße re/li von der Bank) mit dem Überkreuzen beginnen: Re Bein von re nach li, dann li Bein von li nach re setzen. Starke Hüftdrehung ist erforderlich. Für Geübte!	Koordination
7	" 	Auf der Bank entlang gehen - zunächst mit Partnerhilfe: - vw und rw, - im Ballenstand vw, - mit Anstellschritten sw.	Gleichgewicht, Abstimmung mit dem Partner
8	"	Im Storchengang über die Bank gehen - zunächst mit Partnerhilfe, - vw/rw.	"
9	"	<u>Bewegungsverbindung:</u> Vorwärts gehen, in der Mitte der Bank - zunächst mit Partnerhilfe - 1/2 Drehung, dann rückwärts weitergehen, - auch in umgekehrter Reihenfolge.	"
10	"	Wie vorangehende Übung beginnen und in der Mitte der Bank 1/1 Drehung ausführen und vorwärts weitergehen; - auch rw.	"

1.12 Bank: Übungsformen vor der Bank

NR.	HINWEISE/ORGANISATION	BESCHREIBUNG	ZIEL
11	Stand quer vor der Bank	Mit den Händen auf die Bank stützen: Füße gehen so weit wie möglich nach hinten und wieder zurück. Atmung beachten!	Kräftigung und Dehnung der Rückseite
12	"	Ausgangsstellung wie vorangehende Übung: In Schrittstellung federn, so daß die Ferse des hinteren gestreckten Beines den Boden berührt.	"
13	Strecksitz quer vor der Bank 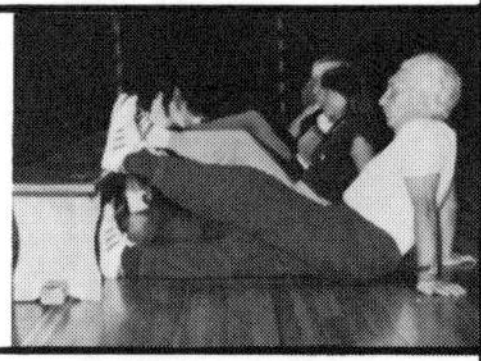	Abwechselnd re/li Bein auf die Bank legen und wieder zurück; - beide Beine gleichzeitig. Atmung beachten!	Kräftigung der Bein- und Bauchmuskulatur
14	" Beine liegen auf der Bank 	Gesäß bis zur Waagerechten anheben und wieder senken.	Kräftigung und Dehnung der Gesamtmuskulatur

NR.	HINWEISE/ORGANISATION	BESCHREIBUNG	ZIEL
15	Im Sitz auf der Bank, Fußsohlen ganz auf den Boden stellen	Abwechselnd Oberkörper aufrichten (einatmen) und Rücken wieder runden (ausatmen).	Kräftigung der Rückenmuskulatur
16	"	Abwechselnd Fußspitzen und Fersen anheben und wieder aufsetzen. Auf geraden Rücken hinweisen!	Kräftigung der Wadenmuskulatur, Beweglichkeit im Sprunggelenk
17	" 	Verschiedene Formen des Fußkreisens: - re Bein über das li schlagen, Fuß nach re/li kreisen - auch umgekehrt, - re/li Bein ausstrecken und nach re/li kreisen lassen.	Beweglichkeit im Sprunggelenk, Kräftigung der Beinmuskulatur
18	Strecksitz, Füße am Boden	Rumpfbeuge vorwärts, Hände berühren Beine/Boden/Füße.	Dehnung der Rückseite

1.12 Bank: Übungsformen im Sitzen

NR.	HINWEISE / ORGANISATION	BESCHREIBUNG	ZIEL
19	Im Sitz auf der Bank, Fußsohlen ganz auf den Boden stellen. 	Mit den Händen an der Bank festhalten: Re/li Bein so weit wie möglich auf dem Boden nach vorn wegschieben, - dasselbe zur Seite.	Kräftigung der Beinmuskulatur
20	"	Handflächen liegen auf der Bank. Rumpfbeuge seitwärts bis der Unterarm auf der Bank aufliegt. Gesäß fixieren!	Kräftigung und Dehnung der Flanken
21	Im Sitz Fußsohlen aufsetzen. Mit den Händen an der vorderen Kante der Bank festhalten. 	<u>Wechselsitzen</u> Gesäß von der Bank anheben und in Richtung Boden senken. Wieder hochstützen und auf die Bank setzen.	Kräftigung der Rücken- und Armmuskulatur

NR.	HINWEISE/ORGANISATION	BESCHREIBUNG	ZIEL
22	In der Bauchlage auf der Bank 	Ein Bein bleibt gestreckt, das andere wird im Kniegelenk und Fußgelenk gebeugt. Abheben des gebeugten Beines, wobei ein kleiner Bewegungsausschlag ausreicht. - die Übung wechselseitig re/li ausführen.	Kräftigung der Hüftstreckmuskulatur
23	Bänke in Sternform	<u>Sternstaffel</u> Nacheinander soll jeder Spieler außen um jede einzelne Bank gehen/laufen. Wenn der erste den Stern durchlaufen hat und wieder auf seiner Bank sitzt, darf der zweite beginnen.	Koordination, Reaktionsvermögen
24		<u>Variationen</u> - die Bänke übersteigen - jede Mannschaft mit Handfassung nacheinander eine Bank übersteigen und die nächste umlaufen - die Bänke einzeln umlaufen	Koordination, Reaktionsvermögen

1.13 Stuhl: Übungsformen zum Aufwärmen

NR.	HINWEISE / ORGANISATION	BESCHREIBUNG	ZIEL
1	Stühle kreuz und quer im Raum verteilen 	Um die Stühle gehen und laufen, dazwischen mit der ganzen Handfläche die Sitzfläche berühren; - Fußboden unterhalb der Sitzfläche berühren, - Sitzfläche von unten berühren.	Allgemeine Erwärmung und Koordination
2	"	Wie vorangehende Übung, abwechselnd re und li Fuß benutzen.	"
3	" 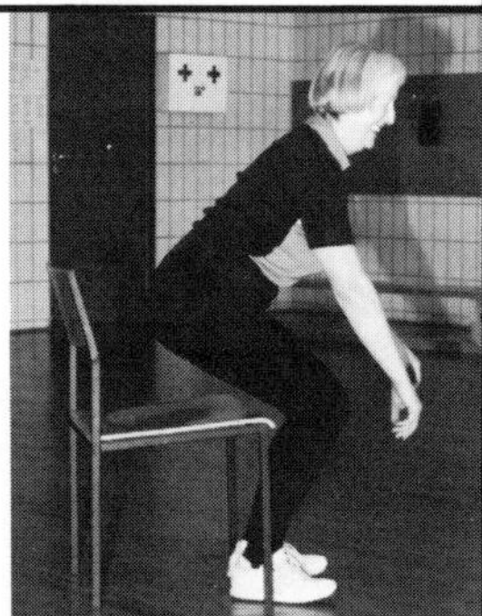	Von einem Stuhl zum anderen laufen, hinsetzen und gleich wieder aufstehen.	" Kräftigung der Beinmuskulatur

NR.	HINWEISE / ORGANISATION	BESCHREIBUNG	ZIEL
4	Stuhl auf die Seite legen	Über einzelne Teile des Stuhles steigen: - Sitzfläche, - Rückenlehne, - Stuhlbeine.	Koordination, Kräftigung der Beinmuskulatur
5	Auf den Stuhl setzen und mit den Händen seitlich festhalten	Mit dem Stuhl unter dem Gesäß aufstehen, durch den Raum gehen und wieder hinsetzen.	" Kräftigung der Bein- und Armmuskulatur
6	Auf den hinteren Teil des Stuhles setzen 	Arme in der Hochhalte. Abwechselnd re und li Körperseite nach oben ziehen.	Dehnung der Flankenmuskulatur
7	"	Beidseitiges Armkreisen in der Sagittalebene.	Dehnung der Schultermuskulatur, Kräftigung der Rückenmuskulatur

1.13 Stuhl: Übungsformen Oberkörper

NR.	HINWEISE / ORGANISATION	BESCHREIBUNG	ZIEL
8	Auf den hinteren Teil des Stuhles setzen	Arme sind in Hochhalte, dabei Oberkörper nach re und li neigen. Der Rücken sollte den Kontakt zur Stuhllehne nicht verlieren!	Dehnung Kräftigung der Rumpf- muskulatur
9		Oberkörper nach re bzw. li neigen, dabei versuchen mit der re/li Hand den Boden zu berühren.	"
10	"	Arme vor dem Körper verschränken und abwechselnd über kreuz den Ellenbogen zum Knie führen.	"
11	Hände seitlich am Stuhlsitz	Hände hinter der Stuhllehne fassen und lösen.	Kräftigung der Rücken- muskulatur

NR.	HINWEISE / ORGANISATION	BESCHREIBUNG	ZIEL
12	Auf den hinteren Teil des Stuhles setzen	Mit re Hand Stuhllehne links fassen und umgekehrt. Rücken an der Stuhllehne halten!	Dehnung und Kräftigung der Rumpf-muskulatur
13	" 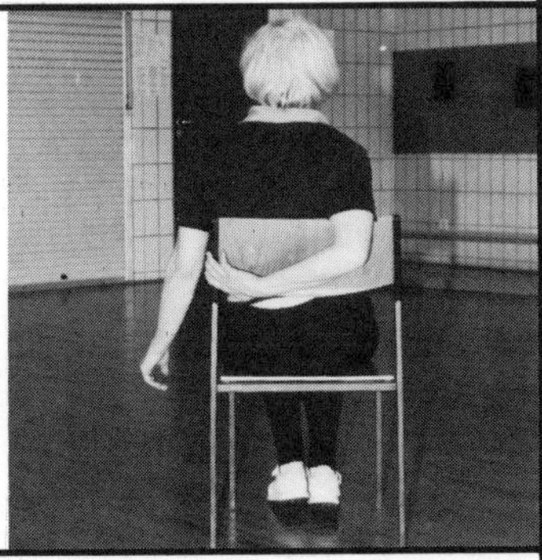	Wie vorangehende Übung, Hand berührt Stuhllehne von hinten.	"
14	Auf den vorderen Teil des Stuhles setzen	Oberkörper nach re und li neigen, dabei die hinteren bzw. vorderen Stuhlbeine fassen.	"
15	" 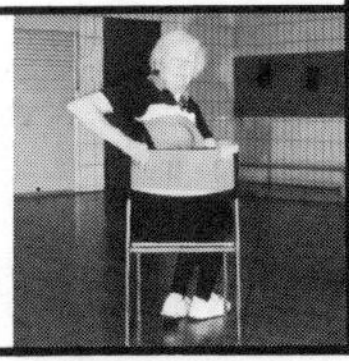	Rumpfdrehen nach re und li, dabei die Stuhllehne mit beiden Händen fassen.	"

1.13 Stuhl: Übungsformen Beine/Füße

NR.	HINWEISE/ORGANISATION	BESCHREIBUNG	ZIEL
16	Im Sitzen beidseitig an der Sitzfläche festhalten. Rücken bleibt an der Stuhllehne.	Heben und senken des re und li Knies.	Kräftigung der Oberschenkel-muskulatur
17	"	Wie vorangehende Übung, Hände klatschen unter dem Knie.	" Koordination
18	Auf den vorderen Teil des Stuhles setzen. Rücken gerade halten. Hände halten die Sitzfläche fest. 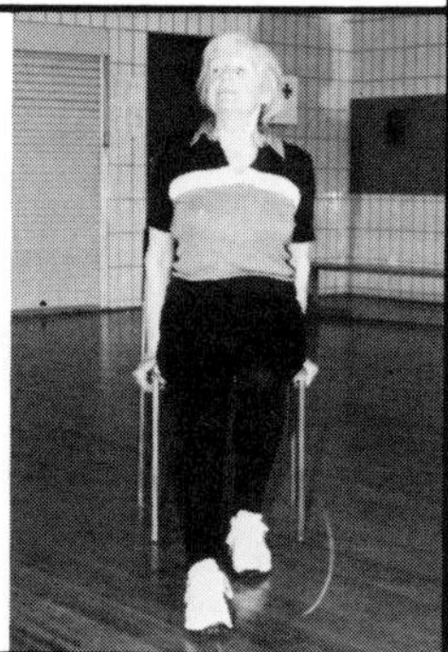	Ohne die Ausgangshaltung zu verändern, Beine abwechselnd strecken und Fußspitzen/Fußsohlen weit vorn auf den Boden stellen: - auch mit beiden Beinen gleichzeitig.	Dehnung und Kräftigung der Beinmuskulatur
19	"	Wie vorangehende Übung, abwechselnd Beine nach re und li strecken.	"

NR.	HINWEISE / ORGANISATION	BESCHREIBUNG	ZIEL
20	Im Sitzen beidseitig an der Sitzfläche festhalten. Rücken bleibt an der Stuhllehne	Beine strecken und abwechselnd bis zur Waagerechten anheben und wieder senken: - Mit dem Rücken an der Stuhllehne Beine anheben.	Kräftigung der Bein-, Bauch- und Rückenmuskulatur
21	"	Wie vorangehende Übung, Beine abwechselnd so hoch wie möglich anheben.	Kräftigung der Oberschenkelmuskulatur
22	" 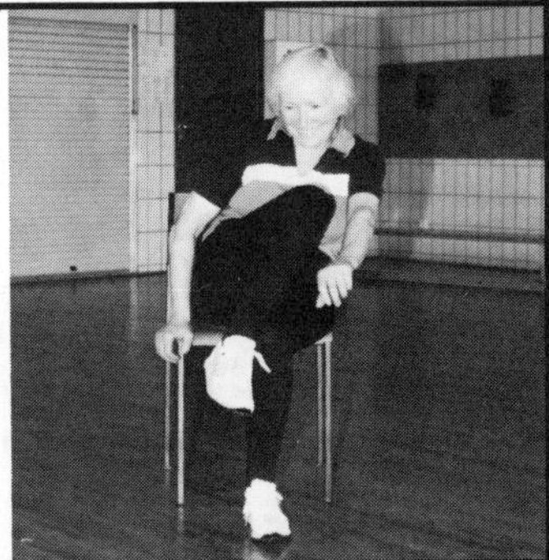	Abwechselnd ein Bein über das andere kreuzen und so weit es geht zur Gegenseite ziehen.	Beweglichkeit der Hüftgelenke
23	" 	Fußsohlen auf dem Boden aufstellen. Im Wechsel - Fußspitzen heben und senken, - Fersen heben und senken.	Kräftigung und Dehnung der unteren Beinmuskulatur

1.13 Stuhl: Übungsformen Beine/Füße

NR.	HINWEISE / ORGANISATION	BESCHREIBUNG	ZIEL
24	Auf den hinteren Teil des Stuhles setzen 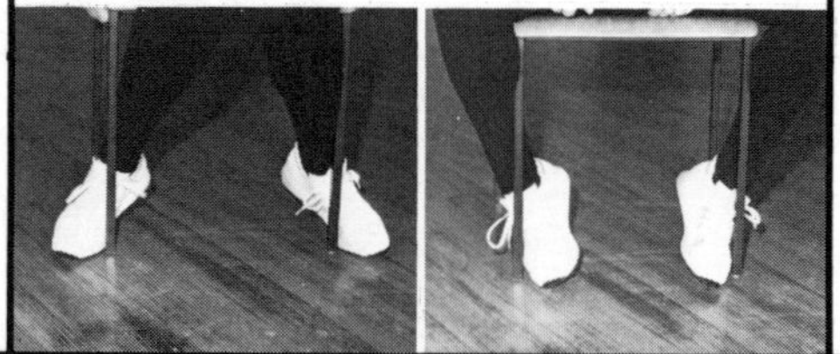	Mit den Füßen die vorderen Stuhlbeine umfassen, - von innen nach außen und - von außen nach innen, - beides im Wechsel.	Koordination, Beweglichkeit der Fußgelenke
25	"	Beine in verschiedenen Höhen anheben und Fahrrad fahren.	"
26	Auf den vorderen Teil des Stuhles setzen. Rücken gerade halten. Hände halten die Sitzfläche fest. Für Geübte!	Beine gleichzeitig gestreckt in die Waagerechte heben, grätschen, schließen und wieder senken; - auch mit mehrmaligem direktem Grätschen und Schließen möglich.	Kräftigung der Bein-, Bauch- und Rücken-muskulatur
27	"	Abwechselnd re und li Bein bis zur Waagerechten anheben und kleine Kreis-bewegungen nach re/li ausführen.	Kräftigung der Bein- und Bauchmuskula-tur

NR.	HINWEISE / ORGANISATION	BESCHREIBUNG	ZIEL
28	Vor der Sitzfläche des Stuhls stehen	Abwechselnd re und li Bein über die Sitzfläche führen.	Koordination, Kräftigung der Beinmuskulatur, Gleichgewicht
29	Hinter dem Stuhl stehen. Nur für Geübte!	Wie vorangehende Übung, Beine über die Rückenlehne heben.	"
30	" Hände halten die Rückenlehne	Abwechselnd Beine nach re und li in die Seithalte führen und wieder beistellen.	Beweglichkeit der Hüftgelenke
31	Hinter dem Stuhl stehen. Hände halten die Rückenlehne. 	Abwechselnd re bzw. li Knie an die Oberkante der Rückenlehne führen.	Dehnung und Kräftigung der Beinmuskulatur
32	Seitlich hinter dem Stuhl stehen	Mit einer Hand an der Rückenlehne festhalten. Vor- und Rückschwingen des vom Stuhl abgewandten Beines. Abwechselnd re und li Seite.	"

1.13 Stuhl: Spiele

NR.	HINWEISE / ORGANISATION	BESCHREIBUNG	ZIEL
33	Innenstirnkreis; Spieler sitzen nebeneinander auf den Stühlen	<u>Zauberkreis</u> Alle Spieler sitzen auf den Stühlen und fassen mit den Händen eine Zauberschnur, die an den Enden zusammengeknotet ist. Die Teilnehmer stellen sich mit den Füßen auf die Schnur, balancieren eine Runde auf ihr entlang und versuchen, sich wieder auf ihren Stuhl zu setzen, ohne die Schnur zu verlassen.	Geschicklichkeit, Gleichgewicht, Kooperation
34	"	<u>Ballonübergabe</u> Ein Spieler klemmt den Luftballon zwischen die Füße und gibt ihn an seinen Nachbarn weiter. Variation: Einsatz von mehreren Luftballons mit unterschiedlichen Farben, wobei sich die Ballons gegenseitig einholen sollen.	Geschicklichkeit, Reaktionsschnelligkeit
Eigene Ideen			

NR.	HINWEISE / ORGANISATION	BESCHREIBUNG	ZIEL
35 •	Innenstirnkreis; Teilnehmer sitzen auf dem Stuhl	<u>Kick ins Tor</u> Spieler versuchen, ein Sandsäckchen (od. Tennisball) mit dem Fuß in das Tor eines Mitspielers zu schießen. Das Tor wird durch die vorderen Stuhlbeine gebildet. Variation: Mit mehreren Sandsäckchen od. Bällen gleichzeitig.	Geschicklichkeit, Reaktion
36	5 Stühle hintereinander stellen	<u>Stuhlbeingasse</u> Pendelstaffel: Die Spieler einer Mannschaft rollen den Ball auf dem Hinweg durch die "Stuhlbeingasse" und auf dem Rückweg über die Sitzfläche der Stühle. Das Spiel ist beendet, wenn jeder wieder in seiner Ausgangsposition steht.	Koordination, Förderung des Zusammenspiels
Eigene Ideen			

1.14 Zeitung: Übungsformen in der Fortbewegung

NR.	HINWEISE / ORGANISATION	BESCHREIBUNG	ZIEL
1	Freie Aufstellung	Zeitungen auf dem Boden ausbreiten. Zügiges Gehen/Laufen um die Zeitungen. Auf Zeichen des Übungsleiters auf einer Zeitung hinsetzen. Musik mit Pausen als Motivationshilfe.	Allgemeine Erwärmung, Anpassung an die Musik
2	"	Mit dem Fuß versuchen, die Zeitung hochzuwerfen.	Geschicklichkeit
3	"	Zeitung ausgebreitet vor dem Körper halten. So zügig vorwärtsgehen, daß die Zeitung am Körper "kleben" bleibt.	" Gewandtheit
4	"	Zeitung mit re/li Hand an einer Ecke fassen. Im Vorwärtsgehen/-laufen die Zeitung zum Flattern bringen, - dasselbe, aber Arm heben und senken.	" Kräftigung der Arm- und Schultermuskulatur, Koordination
5	" 	Zeitung mit beiden Händen fassen. Die ausgebreitete Zeitung hochwerfen und loslassen. Bevor die "segelnde" Zeitung den Boden erreicht, mit verschiedenen Körperteilen auffangen, z.B. Arm, Bein oder Kopf.	Gewandtheit

NR.	HINWEISE/ORGANISATION	BESCHREIBUNG	ZIEL
6	Freie Aufstellung	Zeitung mit beiden Händen fassen. Wie vorangehende Übung, nur die "segelnden" Bewegungen der Zeitung nachvollziehen.	Beobachtung, Konzentration, Gewandtheit
7	" 	Chinesengang Die ausgebreitete Zeitung zwischen die Knie klemmen. Ohne die Zeitung zu verlieren, vw/rw gehen.	Geschicklichkeit
8	"	Zeitung zusammengefaltet auf den Kopf legen. Zügiges Gehen/Laufen durch den Raum, ohne daß die Zeitung herunterfällt; - dasselbe mit der Zeitung auf einer Schulter.	"
9	"	Wie vorangehende Übung, nur hinsetzen und wieder aufstehen.	"
10	" 	Zeitung zusammengefaltet auf einen Handrücken legen. Im Vorwärtsgehen Zeitung abwerfen und mit dem Handrücken der anderen Hand wieder auffangen.	"

1.14 Zeitung: Übungsformen im Stand

NR.	HINWEISE / ORGANISATION	BESCHREIBUNG	ZIEL
11	Freie Aufstellung	Zeitung zusammengefaltet auf den Kopf legen. Den Kopf nach re/li drehen, ohne daß die Zeitung herunterfällt.	Geschicklichkeit
12	Zeitung rollen	Holzhackerbewegung Grätschstand: Beide Hände fassen die Zeitungsrolle, heben sie über den Kopf und schlagen die Rolle durch die gegrätschten Beine.	Kräftigung der Rumpfmuskulatur
13	Zeitung locker zusammenknäulen 	Den "Zeitungsball" auf dem Kopf und den Fingern balancieren.	Geschicklichkeit
14	Zeitung rollen 	Mit der Zeitungsrolle verschiedene Muskelpartien abklopfen, z.B.: gegenüberliegender Arm, Schulter, Beine, Rücken.	Lockerung der Muskulatur

NR.	HINWEISE / ORGANISATION	BESCHREIBUNG	ZIEL
15	2 Mannschaften, 2 kleine Kästen, jeder einen "Zeitungsball"	Zielwerfen Von einer vorgegebenen Markierung soll jede Mannschaft ihre Zeitungsbälle in die umgedrehten kleinen Kästen werfen. Variation: Ziel kann ebenso ein Basketballkorb, ein Eimer oder eine Tonne sein.	Koordination, Geschicklichkeit
16	Innenstirnkreis, einen oder mehrere Luftballons, jeder eine Zeitungsrolle	Gruppenspiel Mit der Zeitungsrolle soll der Luftballon hin- und hergeschlagen werden, ohne daß er den Boden berührt. Auch mit mehreren Luftballons gleichzeitig möglich.	"
	Weitere Übungs- und Spielformen lassen sich aus anderen Bereichen (z.B. Tuch, Ball, Stab) ableiten.		

Einem spielenden Menschen kann man tief in die Seele blicken!

1.15 Teppichfliese: Übungsformen in der Fortbewegung

NR.	HINWEISE / ORGANISATION	BESCHREIBUNG	ZIEL
1	Freie Aufstellung, Teppichfliesen liegen auf dem Boden	Roller fahren Einen Fuß auf die Teppichfliese stellen, Vorwärtsgehen, dabei die Teppichfliese über den Boden ziehen.	Erwärmung der Muskulatur, Koordination
2	"	In der Fortbewegung abwechselnd mit dem re/li Fuß auf möglichst viele Teppichfliesen treten.	"
3	"	Teppichfliesen dicht aneinander legen, jeder steht auf seiner Fliese. Teilnehmer gehen gleichzeitig von einer Fliese zur anderen und sollen möglichst den Boden nicht betreten.	" Abstimmung auf die Gruppe
4	"	Im Stand mit beiden Füßen auf einer Fliese. Mit der Fliese fortbewegen, ohne dabei mit den Füßen den Boden zu betreten.	Koordination, Gleichgewicht
5	Freie Aufstellung, jeder hat 2 Fliesen	Jeder steht auf einer Teppichfliese und legt die zweite Fliese in Reichweite vor sich auf den Boden. Ohne den Boden zu berühren soll diese Fliese mit beiden Füßen erreicht werden.	"

1.15 Teppichfliese: Übungsformen im Stand und im Sitz

NR.	HINWEISE / ORGANISATION	BESCHREIBUNG	ZIEL
6	Freie Aufstellung	Schlußstand: Rumpftiefbeugen und mit beiden Händen die Teppichfliese berühren. Die Fliese mit den Fingern auf dem Boden entlang nach vorn bzw. nach re/li schieben. (Für Geübte!)	Rumpfbeweglichkeit, Dehnung der Rückseite
7	"	Grätschstand: Wie vorangehende Übung, dabei die Fliese mit den Händen um die gegrätschten Beine führen. Mit Gewichtsverlagerung vom re auf das li Bein und umgekehrt.	" Kräftigung der Beinmuskulatur
8	Strecksitz	Im Sitz auf der Fliese: Beine gleichzeitig nach vorn strecken und wieder beugen, dabei versuchen, daß im Hocksitz kein Körperteil mehr den Boden berührt.	Kräftigung der Bauchmuskulatur, Beweglichkeit
9	Hocksitz	Im Sitz auf der Fliese, Hände werden seitlich neben dem Körper aufgestützt. Füße vom Boden lösen und durch abstützen mit den Händen mit der Fliese nach re und li drehen.	Kräftigung der Arm-Schulter- und Bauchmuskulatur
10	"	Im Sitz auf der Fliese: Durch beugen und strecken der Beine mit der Fliese fortbewegen. (Ohne Hinzunahme der Hände).	Kräftigung der Bauch- und Beinmuskulatur

1.15 Teppichfliese: Spielerische Übungsformen

NR.	HINWEISE / ORGANISATION	BESCHREIBUNG	ZIEL
11	Gleichstarke Mannschaften in Reihenaufstellung; Umkehrstaffel	<u>Wassergraben</u> Mehrere Teppichfliesen werden im Abstand von ca. 1 m hintereinander auf den Boden gelegt. Auf dem Hinweg gehen die Spieler auf den Teppichfliesen bis zu einer festgelegten Markierung. Auf dem Rückweg gehen sie in Schlangenlinien um die Fliesen herum zur Ausgangsposition.	Koordination, Bewegungsflexibilität
12	Pendelstaffel, je Mannschaft 2 Teppichfliesen	<u>Skilanglauf</u> Spieler stehen jeweils mit dem re und li Fuß auf einer Fliese und gleiten bis zur Zielmarkierung mit Langlaufschritten über den Boden.	"
13	5-10 Spieler in Reihen, jeder hat 2 Teppichfliesen	<u>Fliesenski</u> Teilnehmer stehen dicht hintereinander und fassen mit den Händen die Hüften des Vordermannes. Bewegungsablauf wie vorangehende Übung, dabei darauf achten, daß im Gleichschritt gegangen wird.	" Abstimmung auf die Gruppe

Kapitel 2

Einzel-, Partner- und Gruppenübungen ohne Handgeräte

Die traditionellen „körperbildenden Übungen ohne Handgerät" sind ein unverzichtbarer Bestandteil im Seniorensport.
Die Durchführung eines gezielten gymnastischen Übungsprogrammes nach anatomischen Bereichen ist die Voraussetzung zur Erreichung einer bewußten Körperwahrnehmung. Sie ist für die Erhaltung und Verbesserung der Leistungsfähigkeit im fortgeschrittenen Lebensalter eine große Hilfe.
Übungsformen ohne Handgerät bieten sich überwiegend für den einleitenden Teil einer Übungsstunde an. In einem altersgerechten Stundenablauf sollte man unbedingt darauf achten, daß häufige und schnelle Lagewechsel (vor allem aus der Rücken- und der Bauchlage in den Stand) vermieden werden.
Das folgende Kapitel enthält Partner- und Gruppenübungen. Sie sollen neben den beabsichtigten Übungswirkungen zu kooperativem Handeln anregen.
Zur Unterstützung der Bewegungsausführung und als Motivationshilfe hat sich der Einsatz von Musik bewährt.

NR.	HINWEISE / ORGANISATION	BESCHREIBUNG	ZIEL
1	Freie Aufstellung	Zügiges Vorwärts- und Rückwärtsgehen und Laufen kreuz und quer durch den Raum. Einsatz von Musik!	Allgemeine Erwärmung, Raumorientierung, Anpassung an die Gruppe
2	"	Wie vorangehende Übung, nur unter verschiedenen Aufgabenstellungen: - alle Teilnehmer mit Handschlag begrüßen re/li, - alle Teilnehmer mit einer Hand an die Schulter tippen, - mit einem Partner eine Runde schneller laufen, - so schnell wie möglich alle vier Wände berühren und zur Mitte kommen.	" Kontaktaufnahme
3	"	"Ecken gehen" oder "Robotergang" Im Vorwärtsgehen durch 1/4 Körperdrehung nach re/li immer wieder neue Bewegungsrichtungen einschlagen. Evtl. Vorgabe einer festen Schrittzahl, z.B. vier oder acht Schritte: - dasselbe im Rückwärtsgehen, - in der Bewegungsverbindung vw/rw. Unterstützung durch entsprechende Musik!	"

2.1 Gymnastische Übungsformen ohne Gerät: in der Fortbewegung

NR.	HINWEISE / ORGANISATION	BESCHREIBUNG	ZIEL
4	Freie Aufstellung	<u>Kurven gehen</u> Auf "runden" Raumwegen vw/rw gehen und laufen. Zur Unterstützung können die Arme in die Seithalte genommen werden.	Allgemeine Erwärmung, Raumorientierung
5	"	Bewegungsverbindung der beiden vorangehenden Übungen: Finden von Kombinationsmöglichkeiten der geraden und kurvigen Raumwege. Einsatz von Musik!	" Kombinationsfähigkeit
6	"	Abwechselnd nur auf Ballen/Fersen des Fußes vw/rw gehen.	Kräftigung der Fußmuskulatur, Gleichgewicht
7	" 	Im"Storchengang" vw/rw gehen.	Koordination, Kräftigung der Beinmuskulatur
8	Längs durch den Raum	Mit möglichst wenig Schritten den Raum durchqueren.	"

NR.	HINWEISE / ORGANISATION	BESCHREIBUNG	ZIEL
9	Freie Aufstellung	Aufgepaßt! Kreuz und quer durch den Raum gehen. Vier Zahlen mit unterschiedlichen Bewegungen belegen und auf Zuruf ausführen lassen, z.B.: 1 = auf einem Bein stehen 2 = "Holzhackerübung" 3 = auf den Ballen stehen und die gegenüberliegenden Ohren fassen 4 = rückwärts gehen	Reaktion, Kombinationsfähigkeit
10	"	Schlangenlauf In 5- er Reihen mit Handfassung kreuz und quer durch den Raum gehen. Der Erste gibt eine bestimmte Bewegung (Raumformen, Schrittarten usw.) vor und die anderen nehmen sie auf.	Kreativität, Anpassung an die Gruppe
Eigene Ideen			

2.2 Gymnastische Übungsformen ohne Gerät: im Stand

NR.	HINWEISE / ORGANISATION	BESCHREIBUNG	ZIEL
11	Innenstirn-kreis	Kopf nach re/Mitte/li drehen.	Mobilität der Halswirbel-säule
12	"	Arme in Hochhalte: wechselseitiges Strecken der Körperseiten nach oben.	Dehnung der Rumpfmuskulatur
13	"	Arme in verschiedenen Richtungen (nach vorn, nach oben, zur Seite) vom Körper locker wegschlagen.	Lockerung und Entspannung der Arm- und Schulter-muskulatur
14	" 	Fingerspitzen aneinanderlegen und kräftig gegeneinanderdrücken, ohne daß sich die Handballen berühren. Dabei die Ellenbogen anheben.	Kräftigung der Finger-, Arm- und Brustmuskulatur
15	"	Fingerspitzen auf die Schultern legen und mit den Schultern kreisen, - vw/rw - wechselseitig vw und rw.	Dehnung und Kräftigung der Schulter- und Armmuskulatur

NR.	HINWEISE / ORGANISATION	BESCHREIBUNG	ZIEL
16	Innen-stirnkreis 	Grätschstand: Arme in die Seithalte nehmen und den Oberkörper nach re/li ziehen, ohne daß sich die Füße vom Boden abheben.	Dehnung der Flanken
17	"	Arme in Hochhalte: Rumpfseitbeuge nach re und li. Darauf achten, daß die obere Schulter nicht nach vorn/hinten fällt!	"
18	"	Arme in Seithalte: Oberkörper nach re/li drehen, ohne daß sich die Hüften mitbewegen.	Mobilisation der Wirbelsäule

2.2 Gymnastische Übungsformen ohne Gerät: im Stand

NR.	HINWEISE/ORGANISATION	BESCHREIBUNG	ZIEL
19	Freie Aufstellung	Arme in Hochhalte: Rumpfbeuge vw bis zur Waagerechten. Darauf achten, daß das Gesäß nicht nach hinten geschoben wird! (Gewicht auf den Ballen).	Kräftigung der Rumpfmuskulatur, Dehnung der Rückseite
20	"	Schlußstand: Vom Kopf beginnend die Wirbelsäule langsam nach unten abrollen und in Gegenrichtung wieder zurückkommen.	Beweglichkeit der Wirbelsäule
21	Innenstirnkreis 	<u>Bewegungsverbindung</u> Schlußstand: Knie beugen - Fersen vom Boden abheben - Knie strecken - Fersen langsam zum Boden führen. In umgekehrter Reihenfolge zurück.	Gleichgewicht, Kräftigung der Beinmuskulatur

NR.	HINWEISE/ORGANISATION	BESCHREIBUNG	ZIEL
22	Freie Aufstellung 	Schrittstellung: Arme in die Seithalte führen, vorderes Bein beugen. Gewicht nach vorn verlagern und langsames Absenken der Ferse des hinteren Beines. Die Dehnung einige Sekunden halten.	Kräftigung der Beine, Dehnung der Beinrückseite
23	"	Grätschstand: Gewichtsverlagerung nach re/li durchBeugen des re/li Beines. Oberkörper aufrechthalten!	Kräftigung der Beinmuskulatur, Dehnung der Beininnenseite
24	"	Bewegungsverbindung Schlußstand: 1 1/2 Armschwünge nach vorn ausführen und dabei den Rumpf nach unten führen - 1 1/2 Armschwünge nach hinten und Oberkörper nach oben strecken.	Kräftigung und Dehnung der Arm-, Schulter- und Rumpfmuskulatur
25	"	Ein Bein nach vorn strecken: Abwechselnd Ferse/Fußspitze auf den Boden stellen, ohne daß die Knie gebeugt werden. Standbeinwechsel.	Dehnung der Beinmuskulatur

NR.	HINWEISE / ORGANISATION	BESCHREIBUNG	ZIEL
26	Innen-stirnkreis 	Schlußstand: Ein Bein nach vorn strecken und im Fußgelenk nach re/li kreisen.	Gleichgewicht, Beweglichkeit der Fußmuskulatur
27	"	Schlußstand: Arme in die Seithalte nehmen und ein Bein vor- und rückschwingen; - nach re/li - Achterschwünge	Gleichgewicht, Beweglichkeit der Hüftgelenke
28	" 	Schlußstand: Mit beiden Händen ein Bein unterhalb des Knies umfassen und das Bein zum Oberkörper ziehen.	Gleichgewicht, Dehnung und Kräftigung der Beinmuskulatur
29	"	Grätschstand: Hüftkreisen nach re/li.	Beweglichkeit des Beckens
30	"	Schlußstand: Körper anspannen und das Gewicht nach vorn/hinten/re/li verlagern, ohne daß die Fußsohlen vom Boden abheben ("Uhrpendel").	Gleichgewicht

NR.	HINWEISE / ORGANISATION	BESCHREIBUNG	ZIEL
31	Strecksitz	Hände hinter dem Körper aufsetzen. Abwechselnd re/li Knie in Richtung Schulter führen - parallel, - diagonal.	Kräftigung der Bein- und Bauchmuskulatur
32	"	Hände an den Außenseiten der Beine auf den Boden legen. Mit geradem Rücken langsam nach vorn neigen.	Dehnung der Rückseite, Kräftigung der Rumpf-muskulatur
33	"	Rumpfdrehen nach re/li. Beine am Boden fixieren.	Mobilisation der Wirbel-säule
34	"	Rumpfseitbeuge nach re/li bis der jeweilige Unterarm den Boden berührt.	Dehnung und Kräftigung der Flanken
35	"	Bewegungsverbindung Fußspitzen zum Körper ziehen und gleichzeitig die Knie beugen - Fersen bleiben am Boden, Knie durchstrecken - Fußspitzen wieder ausstrecken.	Kräftigung und Dehnung der Beinmuskulatur

2.2 Gymnastische Übungsformen ohne Gerät: Grätschsitz/Hocksitz

NR.	HINWEISE / ORGANISATION	BESCHREIBUNG	ZIEL
36	Grätschsitz	**Arme sind in der Hochhalte, Oberkörper nach re/li drehen.**	Mobilisation der Wirbelsäule
37	"	Ausgangshaltung wie vorangehende Übung: Operkörper nach re/li verschieben, ohne daß er abgebeugt wird.	Dehnung der Flanken
38	"	Ausgangshaltung wie vorangehende Übung: Mit geradem Rücken den Oberkörper möglichst weit nach vorn beugen.	Kräftigung der Rumpf- muskulatur, Dehnung der Beininnenseiten
39	Hocksitz	Hände hinter dem Körper aufstützen: Nacheinander das re/li Bein diagonal nach vorn ausstrecken und wieder anstellen - auch mit beiden Beinen gleichzeitig.	Kräftigung der Bauchmuskulatur
40	"	Ausgangshaltung wie vorangehende Übung: Abwechselnd Fersen/Fußspitzen auf den Boden tippen.	Kräftigung der Fuß-, Bein- und Bauch- muskulatur

NR.	HINWEISE/ORGANISATION	BESCHREIBUNG	ZIEL
41	Rückenlage	Füße auf den Boden stellen, Arme liegen seitlich. Beide Knie gleichzeitig nach re/li zum Boden führen, ohne daß sich die Gegenschulter vom Boden abhebt.	Mobilisation der Wirbelsäule, Entspannung
42		Beine sind ausgestreckt. Abwechselnd re/li Bein möglichst hoch in die Senkrechte heben und wieder zum Boden führen.	Kräftigung der Bein- und Bauchmuskulatur, Dehnung der Rückseite
43	"	Arme hinter dem Kopf ausstrecken. Körper anspannen und langsam "auseinanderziehen", wieder entspannen.	Entwicklung des Körpergefühls
44	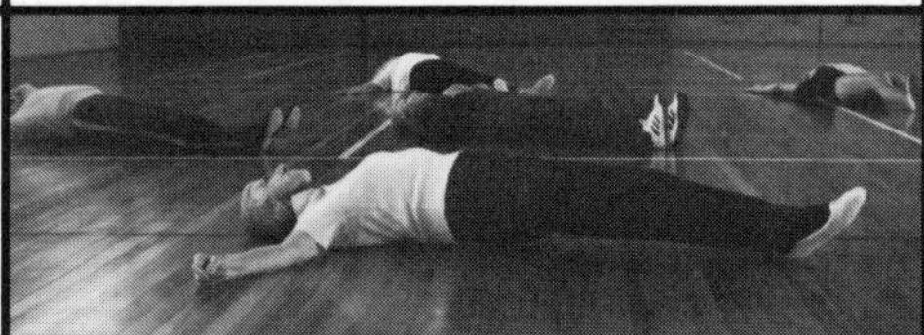	Ausgangsstellung wie vorangehende Übung, jedoch das Becken anheben und wieder senken.	Kräftigung der inneren Beckenmuskulatur
45	"	Wie vorangehende Übung, jedoch wenn das Becken oben ist, nacheinander das re/li Bein kurz nach vorn ausstrecken und wieder aufsetzen.	"

2.2 Gymnastische Übungsformen ohne Gerät: Bauchlage

NR.	HINWEISE / ORGANISATION	BESCHREIBUNG	ZIEL
46	Bauchlage	Arme nach vorn ausstrecken und Handflächen auf den Boden legen: Nacheinander die Arme gestreckt anheben. Blick bleibt nach unten gerichtet.	Kräftigung der Arm-, Schulter- und Rücken-muskulatur, Dehnung der Vorderseite
47	"	Fußspitzen aufstellen, dabei berühren die Knie den Boden. Fersen nach hinten schieben, sodaß die Knie vom Boden hochkommen.	Dehnung der Beinrückseite
48	"	Arme sind seitlich am Boden: Abwechselnd re/li Bein gestreckt anheben, dabei die jeweilige Hüfte nicht mit ausdrehen.	Kräftigung der Rückseite, Dehnung der Vorderseite
49	"	Arme sind seitlich am Boden: Abwechselnd re/li Bein am Boden entlang möglichst weit hochführen.	Beweglichkeit der Hüftge-lenke, Kräftigung und Dehnung der Beinmuskulatur
50	"	Arme sind nach vorn ausgestreckt, abwechselnd re/li Arm über den Boden bis zum Knie führen und wieder zurück.	Flankendehnung

NR.	HINWEISE/ORGANISATION	BESCHREIBUNG	ZIEL
51	Freie Aufstellung	Partner stehen Rücken an Rücken: Gemeinsam durch den Raum gehen. Dabei geht einer vw, der andere rw. Den Kontakt mit dem Rücken des Partners nicht verlieren.	Vertrauen zum Partner, Raumorientierung
52	"	Partner A hat die Augen geschlossen und geht vw durch den Raum. B gibt durch Tippen an die re/li Schulter die neue Bewegungsrichtung an. Beide Schultern festhalten bedeutet stehenbleiben.	"
53	" 	Partner stehen einander gegenüber: Handflächen aneinanderlegen und die Augen schließen. Kontakt lösen und einmal um die eigene Achse drehen, dann wieder den Kontakt zum Partner herstellen, ohne daß die Augen geöffnet werden.	"
54	"	"Echo" oder "Schattenlauf" Partner stehen hintereinander: Der vordere Partner gibt eine Bewegungsaufgabe vor, die der hintere nachvollziehen soll. Einsatz von abwechslungsreicher Musik!	" Gewandtheit, Reaktion

2.3 Gymnastische Übungsformen ohne Gerät mit Partner

NR.	HINWEISE / ORGANISATION	BESCHREIBUNG	ZIEL
55	Partner stehen gegenüber 	"Spiegelbild" Partner A gibt Bewegungsformen vor, die B sofort nachvollziehen soll. Einsatz von ruhiger Musik!	Koordination, Reaktion
56	" 	Die gegenüberliegenden Hände fassen und in der Rumpfvorhalte den Oberkörper nach re und li drehen. Dabei durch die geöffneten Arme schauen. Auf geraden Rücken achten!	Kräftigung der Rumpf-muskulatur, Dehnung der Beinrückseite, Mobilisation der Wirbelsäule
57	"	Handflächen liegen in der Seithalte an-einander: Gleichzeitiges Verschieben des Rumpfes nach re/li, dabei heben sich die Fußsohlen nicht vom Boden ab.	Dehnung und Kräftigung der Rumpfmuskula-tur

NR.	HINWEISE / ORGANISATION	BESCHREIBUNG	ZIEL
58	Partner stehen gegenüber 	Handflächen liegen aneinander: Kreisbewegungen in verschiedenen Ebenen (Sagittal, Frontal) ausführen.	Beweglichkeit der Arm- und Schultermuskulatur
59	Partner stehen Rücken an Rücken	Hände in der Tiefhalte fassen: Gleichzeitig die Arme gestreckt über die Seithalte in die Hochhalte führen - bis in den Ballenstand kommen.	Dehnung der Arm-, Schulter- und Rumpfmuskulatur
60	"	Beide Partner drehen den Oberkörper weit nach hinten und versuchen die Handflächen aneinander zu legen. Dasselbe in Gegenrichtung.	Mobilisation der Wirbelsäule

2.3 Gymnastische Übungsformen ohne Gerät mit Partner

NR.	HINWEISE / ORGANISATION	BESCHREIBUNG	ZIEL
61	Im Hocksitz gegenüber 	Fußballen der Partner berühren sich, die Hände sind hinter dem Körper aufgestellt: Gleichzeitiges Vorhochstrecken des re bzw. li Beines der Partner. Dasselbe mit dem anderen Bein.	Kräftigung der Beinmuskulatur, Dehnung der Beinrückseite
62	"	Ausgangshaltung wie vorangehende Übung: Fahrradfahren mit Richtungswechsel.	Kräftigung der Bein- und Bauchmuskulatur
63	Partner A im Grätschsitz, B im Strecksitz dazwischen	Partner fassen die Hände und ziehen sich vorsichtig hin und her, - Sitzabstand allmählich vergrößern, Rücken bleibt gerade!	Kräftigung der Rumpfmuskulatur, Dehnung der Beinmuskulatur
64	Im Grätschsitz gegenüber	Partner fassen die Hände und führen Kreisbewegungen mit dem Rumpf nach re/li aus.	Dehnung und Kräftigung der Rumpfmuskulatur, Dehnung der Beinmuskulatur
65	Im Strecksitz gegenüber, Beinen liegen nebeneinander	Partner A hebt nacheinander seine Beine über die Beine von B und wieder zurück. Dasselbe gilt für Partner B.	Kräftigung der Bauchmuskulatur

NR.	HINWEISE / ORGANISATION	BESCHREIBUNG	ZIEL
66	3-er Gruppen	Roboterspiel Zwei Gruppenmitglieder stellen sich Rücken an Rücken und gehen mit steifen Bewegungen vorwärts. Der Dritte kann seinen Robotern durch 1/4 Drehungen nach re oder li eine neue Bewegungsrichtung geben. Ziel ist es, daß sich die beiden Roboter mit ihrer Front treffen.	Bewegungs-schnelligkeit, Reaktion, Kombinations-fähigkeit
67	Alle Teilnehmer	"Keiner steht vor mir" Niemand darf vor dem Übungsleiter oder einem anderen ausgewählten Gruppenmitglied stehen. Durch Drehungen oder Bewegungen im Raum muß die Gruppe immer wieder ihre Stellung verändern. Variationen: Wechsel innerhalb der Aufgabenstellung, z.B. "Keiner steht an meiner re Seite", etc.	"
68	5-er Gruppen 	Telefon-Spiel: Die Gruppenmitglieder stehen hintereinander und legen die li Hand auf die re Schulter des Vordermannes. Mit der re Hand werden Buchstaben und Bilder dem Vordermann auf den Rücken gemalt. Der letzte fängt an, und alle anderen versuchen das Bild nach vorn durchzugeben.	Konzentrations- und Kombinationsfähigkeit, Taktile Wahrnehmung

2.4 Spielformen ohne Gerät

NR.	HINWEISE / ORGANISATION	BESCHREIBUNG	ZIEL
69	Alle Teilnehmer	<u>Atomspiel</u> Die Spieler bewegen sich auf freien Raumwegen. Der Übungsleiter nennt eine Zahl und alle versuchen sich in entsprechende Gruppen zusammen zu finden. Findet einer keine Gruppe, so nennt dieser die nächste Zahl! Variation: Übriggebliebene Spieler müssen Strafaufgaben ausführen.	Reaktion, Bewegungsschnelligkeit
70	3-er Gruppen	<u>Zugspiel</u> Die Gruppenmitglieder stehen hintereinander; dabei hat der Erste die Augen geschlossen und beide Arme nach vorn ausgestreckt, der Zweite hat die Augen offen und seine Hände auf den Hüften des Vordermannes und der Dritte hat die Augen ebenfalls geschlossen und hält sich am Vordermann fest. Der Spieler in der Mitte gibt die Bewegungsrichtung an, - im Gehen und Laufen.	Vertrauen zum Partner, Konzentration, Koordination
Eigene Ideen			

Kapitel 3

Spezielle Übungsformen zur Kräftigung, Erhaltung und Verbesserung der Ausdauer und Koordination

Auch in einem Übungsprogramm für Senioren sollte ein gut aufgebautes Zirkeltraining mit entsprechender Übungsauswahl und richtiger Belastungsdosierung enthalten sein. Die Stationen werden kreisförmig angeordnet und alle Teilnehmer üben gleichzeitig an den 8 Stationen. Auf Zeichen des Übungsleiters findet ein Wechsel im Uhrzeigersinn zum nächsten Gerät statt. Die Übungsdauer richtet sich nach dem Leistungsstand der Senioren und sollte etwa 30 sec für Ungeübte und 45 sec für Geübte betragen; ebenso die Pausen. Die Anzahl der Übungswiederholungen an jeder Station bestimmt jeder Übende selbst.
Vor Beginn, nach Belastung und nach fünfminütiger Erholung wird die Pulsfrequenz gemessen.
Die nachfolgenden Übungsprogramme sind Vorschläge, die der Übungsleiter je nach Raumgröße und Geräteausstattung abwandeln kann.
Abwechslung in den Übungsablauf bringen ferner Bewegungsformen im Freien. Je nach Witterungsverhältnissen lassen sich nach entsprechender Vorbereitung Angebote wie Orientierungswandern oder Skilanglauf verwirklichen.

NR.	HINWEISE / ORGANISATION	BESCHREIBUNG	ZIEL
1	4-5 Reifen liegen im Abstand von ca. 1 m auf dem Boden; je Teilnehmer 1 Gymnastikball 	Den Gymnastikball abwechselnd in und zwischen die auf dem Boden liegenden Reifen prellen.	Koordination (Ballgeschicklichkeit)
2	2 Bänke nebeneinander stellen	Von re nach li über die Bank steigen und auf dem Rückweg im Vorwärtsgehen über die Bank balancieren.	Koordination, Kräftigung der Beinmuskulatur, Gleichgewicht
3	Partner stehen im Abstand von ca. 2-3 m vor der Wand. Pro Paar 1 Medizinball	A wirft den Ball so gegen die Wand, daß B ihn fangen kann und umgekehrt.	Kräftigung der Arm-Schulter-Rumpfmuskulatur, Kooperation
4	Im Stand, je Teilnehmer 1 Seil 	Auf der Stelle gehen, nach jedem 2. Schritt einen Seildurchschlag.	Kräftigung großer Muskelgruppen, Koordination
5	In der Rückenlage vor der Sprossenwand	Hände fassen die unterste Sprosse. Nacheinander das re und li Bein gestreckt in die Senkrechte heben und wieder zum Boden zurückführen.	Kräftigung der Bauch- und Hüftbeugemuskulatur

3.1 Zirkeltraining I

NR.	HINWEISE/ORGANISATION	BESCHREIBUNG	ZIEL
6	Partner stehen Rücken an Rücken; Abstand ca. 1 m, pro Paar 1 Medizinball	Im Grätschstand: Partner drehen gleichzeitig den Rumpf nach rechts und übergeben den Ball.	Kräftigung der Arm-Schulter- Rumpfmuskulatur, Mobilisation der Wirbelsäule
7	paarweise gegenüber stehen, Abstand ca. 2 m 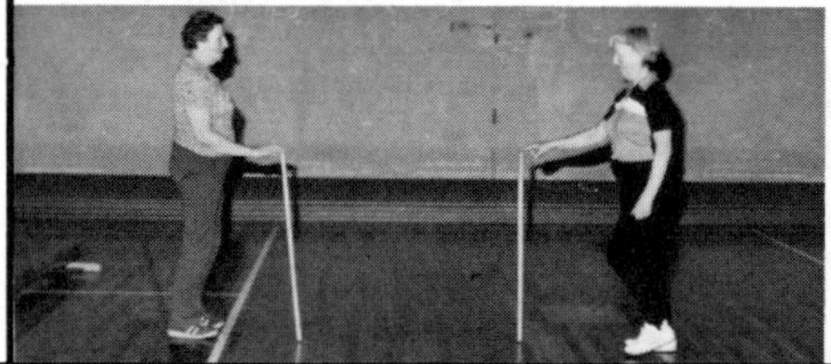	Partner stellen die Stäbe mit einer Hand vor dem Körper auf den Boden. Auf ein Zeichen lassen sie den eigenen Stab los und versuchen den des Gegenüberstehenden zu fassen.	Reaktions- schulung
8	paarweise im Strecksitz gegenüber 	Partner sitzen sich im Strecksitz gegenüber, die Fußsohlen berühren sich. A rollt den Medizinball mit der re Hand zur li von B; dieser führt den Ball hinter dem Rücken vorbei und rollt ihn mit der re Hand wieder zu A. Auf geraden Rücken achten!	Dehnung der Rückseite, Kräftigung der Vorderseite

NR.	HINWEISE / ORGANISATION	BESCHREIBUNG	ZIEL
1	Slalomstangen im Abstand von ca. 1 m hintereinander aufstellen. 	Ball im Vorwärtsgehen mit einer Hand um die Slalomstangen herum prellen. Auf dem Rückweg Handwechsel.	Koordination, Ballgeschicklichkeit
2	1 Matte, 1 Medizinball	Strecksitz: Beine nacheinander gestreckt über einen Medizinball heben und auf der anderen Seite ablegen.	Kräftigung der Bauch- und Beinmuskulatur
3	Übungsschwebebalken	Balancieren auf dem Schwebebalken.	Dynamisches Gleichgewicht
4	Im Stand vor der Sprossenwand	Abstand zur Sprossenwand ca. 1 Armlänge, Füße bleiben fest auf dem Boden, Hände fassen eine Sprosse. Wechselseitiges Beugen und Strecken der Arme.	Kräftigung der Arm-Schulter-Rumpfmuskulatur, Dehnung der rückwärtigen Beinmuskulatur

3.1 Zirkeltraining II

NR.	HINWEISE / ORGANISATION	BESCHREIBUNG	ZIEL
5	In der Rückenlage auf einer Matte, jeder einen Ball	In der Rückenlage die Beine beugen und die Füße auf den Boden stellen. Das Gesäß anheben und einen Ball (Gymnastikball oder Medizinball) mit der re/li Hand unter dem Körper von re nach li und umgekehrt hindurchrollen.	Kräftigung der Bein-, Bauch- und Rückenmuskulatur
6	Paarweise hintereinander stehen, Abstand ca. 2-3 m, pro Paar 1 Ball	A wirft einen Medizinsoftball rückwärts über Kopf zu B. Beide führen eine halbe Drehung aus und B wirft den Ball zurück zu A.	Dehnung der Vorderseite, Kräftigung der Rückseite
7	Kastendeckel auf den Boden legen 	Im Stand vor dem Kastendeckel: Mit einem Fuß auf den Kasten steigen, dann den anderen Fuß nachsetzen; ebenso zurück auf den Boden.	Kräftigung der Beinmuskulatur, Koordination
8	Im Sitz auf der Matte, jeder 1 Stab	Strecksitz, den Stab mit beiden Händen in der Vorhalte an den Stabenden fassen. Rumpfdrehen nach re und den Stab hinter dem Körper auf den Boden legen. Rumpfdrehen nach li und ihn von der anderen Seite wieder aufnehmen.	Kräftigung der Bauch- und Beinmuskulatur, Mobilisation der Wirbelsäule

NR.	HINWEISE / ORGANISATION	BESCHREIBUNG	ZIEL
1	Unterschiedliche Nutzung vorhandener Geländeformen	Zügiges Gehen/Traben im flachen Gelände, dabei unterschiedliche Bodenbeschaffenheiten (Aschenbahn, Rasen, etc.) mit einbeziehen.	Allgemeine Erwärmung, Anpassung an das Gelände
2	" 	Zügiges Gehen/Traben um vorhandene Hindernisse (Bäume, Büsche, etc.).	" Orientierung im Gelände
3	" 	Mit großen Schritten Steigungen hinauf- und hinuntergehen.	Kräftigung der Beinmuskulatur

3.2 Übungsformen im Gelände: Fortbewegung

NR.	HINWEISE / ORGANISATION	BESCHREIBUNG	ZIEL
4	Paarweise in Handfassung gegenüber 	Die Paare bilden eine Gasse und gehen in die Hocke. Einzeln das Hindernis übersteigen und am Ende mit den eigenen Partner wieder die Ausgangsstellung einnnehmen.	" Gewandtheit
5	" 	Paare in Gassenform: Abwechselnd ein Paar mit erhobenen Armen und ein Paar in der Hockstellung. Einzeln durch das "Tor" gehen und über das Hindernis steigen.	"
6	Unterschiedliche Nutzung vorhandener Geländeformen	In Zickzackform Treppenstufen hinauf- und hinuntergehen. Auf gutes Abrollen der Füße achten!	Kräftigung der Beinmuskulatur

NR.	HINWEISE / ORGANISATION	BESCHREIBUNG	ZIEL
7	Freie Aufstellung	Ausfallschritt: Ein Bein auf die Treppenstufe stellen und durch federn das Gewicht nach vorn verlagern.	Dehnung der rückwärtigen Beinmuskulatur, Kräftigung der Oberschenkelmuskulatur
8	"	Schlußstand: Rumpfbeuge vw, Hände an Klettergerüst oder Bäumen fixieren.	Dehnung der Rückseite
9	"	Schlußstand: Hände am Klettergerüst/Baum fixieren. Kopf mit re/li Knie möglichst weit zusammen- und wieder auseinanderführen.	Dehnung der Vorder- und Rückseite
10	"	Mit dem Rücken zum Klettergerüst stehen und mit den Händen festhalten. Ohne die Füße zu verändern den Oberkörper nach vorn schieben.	Dehnung der Brustmuskulatur, Kräftigung der Rückseite

3.2 Übungsformen im Gelände: Orientierungswandern

NR.	HINWEISE / ORGANISATION	BESCHREIBUNG	ZIEL
	Folgende Voraussetzungen sollten vor dem Start geschaffen werden: - Einteilung in Gruppen (2-4 Teilnehmer); - Ausgabe einer Skizze (z.B. eine topographische Karte mit Wegkennzeichnung oder bei bekanntem Gelände eine einfache Handzeichnung), Markierung der einzelnen Aufgabenstationen; - an den einzelnen Kontrollpunkten sollen unterschiedliche Aufgabenstellungen bewältigt werden, die auf einer Kartei durch differenzierte Punktewertung notiert werden können.		
11	Skizzenplan	Sammeln von Gegenständen unter spezifischer Zielsetzung: - Gegenstände, die zur Natur gehören (Steine, Tannenzapfen, Blätter etc.) - Gegenstände, die nicht zur Natur gehören (Papier, Plastiktüten, etc.).	Sensibilisierung der Umgebung
12	" Pro Paar ein Speckbrett	<u>Slalomlauf</u> Partnerweise mit einem Speckbrett einen Tischtennisball um aufgestellte Keulen/ Kegel balancieren.	Abstimmung mit dem Partner, Geschicklichkeit
13	Skizzenplan	<u>Eierlauf</u> Jedes Gruppenmitglied hat in jeder Hand einen Löffel, auf dem ein Ei liegt und soll damit eine bestimmte Strecke überwinden, ohne daß die Eier herunterfallen.	Geschicklichkeit, Bewegungsschnelligkeit

NR.	HINWEISE / ORGANISATION	BESCHREIBUNG	ZIEL
14	Skizzenplan, pro Paar ein Schläger	Crocket-Spiel Partnerweise mit dem Schläger die Kugel durch den abgesteckten Parcours bringen.	Abstimmung mit dem Partner, Geschicklichkeit
15	Skizzenplan	Zwischen den einzelnen Stationen sollen die Gruppenmitglieder einen Vierzeiler reimen, der am Ende der Wanderung vorliegen soll.	Zusammenarbeit innerhalb der Gruppen, Konzentrationsfähigkeit
16	"	Frisbee-Schaufel Alle Mitglieder einer Gruppe sollen gemeinsam mit einer Frisbee-Scheibe Sand über eine bestimmte Strecke transportieren und in ein Gefäß füllen. Beide Hände von jedem Gruppenmitglied müssen ständig an der Frisbee-Scheibe sein.	Abstimmung innerhalb der Gruppe, Geschicklichkeit, Beweglichkeit
17	"	Blindenführung Paarweise wird eine Hindernisstrecke bewältigt, wobei einem Mitspieler die Augen verbunden sind. Die Paare halten sich an den Händen!	Vertrauen, Gewandtheit, Beweglichkeit

3.2 Übungsformen im Gelände: Orientierungswandern

NR.	HINWEISE / ORGANISATION	BESCHREIBUNG	ZIEL
18	Skizzenplan	In einen Karton/Papierkorb sollen von jedem Gruppenmitglied unterschiedliche Gegenstände (Tennisball, zusammengeknäulte Zeitung, etc.) geworfen werden.	Geschicklichkeit, Zielgenauigkeit
19	"	Alle Gruppenmitglieder sitzen im Innenstirnkreis auf kleinen Kästen. Mit den Händen soll ein Riesenluftballon möglichst lange in der Luft gehalten werden. Zwischen zwei Berührungen eines Spielers muß ein anderer Spieler den Ballon geschlagen haben. Anzahl der Kontakte zählen.	" Abstimmung innerhalb der Gruppe
20	"	Aufgestellte Kegeln/Keulen sollen mit Hilfe eines Tennisballes umgeworfen werden. Jedes Gruppenmitglied hat einen Wurf.	Geschicklichkeit

NR.	HINWEISE / ORGANISATION	BESCHREIBUNG	ZIEL
	Freie Aufstellung	Arme in der Sagittalebene vor- und zurückschwingen: - nacheinander re/li - beide Arme gleichzeitig - Arme gegengleich schwingen.	Lockern und Beweglichmachen des Schultergürtels, Vorbereitung für den Stockeinsatz
	"	Armkreise in der Sagittalebene: - wechselseitig re/li - Mühlarmkreisen - beide Arme kreisen parallel; mit Richtungswechsel.	" Koordination
	"	Im Stand und im Vorwärtsgehen wechselseitiges Knieheben re/li.	Dehnung und Kräftigung der Beinmuskulatur
	"	Federndes Gehen vw mit gegengleicher Armführung - dasselbe im Rückwärtsgehen.	Koordination, Kräftigung großer Muskelgruppen
	"	Vorwärtsgehen mit betonter Gegenbewegung der Schultern; Arme sind dabei angewinkelt.	"

3.3 Skigymnasik

NR.	HINWEISE / ORGANISATION	BESCHREIBUNG	ZIEL
	Freie Aufstellung 	Schlußstand: re Bein beugen, li Fuß nach hinten stellen und tieffedern, so daß die Ferse des hinteren Fußes zum Boden gedrückt wird. Dann kräftig mit dem hinteren Fuß abdrücken zurück in den Schlußstand. Dasselbe gegengleich.	Dehnung und Kräftigung der Beinmuskulatur, Vorbereitung auf den Diagonalschritt
	"	Vorwärtsgehen mit Ausfallschritten re/li, dabei kräftig vom hinteren Bein abdrücken.	"
	"	Ausfallschritt im Stand: Lockeres gegengleiches Armschwingen mit rhythmischem Beugen und Strecken der Beine (Langlaufschwingen).	" Koordination
	" 	Schlußstand: Re Bein in die Rückhalte führen mit gleichzeitigem vorhochführen des li Armes; zurück in die Ausgangsposition und dasselbe gegengleich.	"

NR.	HINWEISE / ORGANISATION	BESCHREIBUNG	ZIEL
	Freie Aufstellung	Im Stand: Wechselspringen im Ausfallschritt mit gegengleicher Armführung (Langlaufspringen). Nur für Geübte!	Kräftigung großer Muskelgruppen, Koordination
	"	Im Stand: Beine im Stand gleichzeitig beugen und strecken.	Kräftigung der Beinmuskulatur
	"	Im Stand Arme kräftig vor- und zurückschwingen. Beim Vorschwingen aufrichten, beim Zurückschwingen herabbeugen des Oberkörpers und Kniebeugen.	Koordination, Vorbereitung auf den Doppelstockschub
	" 	Wie vorangehende Übung, jedoch mit wechselseitigem Beinabstoß. Beim Aufrichten ein Bein nach hinten strecken, beim Zurückschwingen der Arme wieder beisetzen.	"

3.3 Skigymnasik

NR.	HINWEISE / ORGANISATION	BESCHREIBUNG	ZIEL
14	Freie Aufstellung 	Aus der Schußfahrtstellung - Beine hüftbreit geöffnet - Pflug auslösen durch Tiefgehen und Beinedrehen. Dabei die Fersen nach außen drehen.	Kräftigung der Beinmuskulatur, Koordination, Vorbereitung auf das Bremsen
15	"	Treppenschritt: Seitliches Gehen mit Nachstellschritt und Kanten der Füße.	Vorbereitung auf das Aufsteigen, Koordination
16	"	Grätenschritt: Vorwärtsgehen auf der Innenkante der Füße. (Nur für Geübte ohne Kniebeschwerden!)	"
17	"	Aufstehübung: Aus dem Sitz, der Seit- oder Rückenlage versuchen in den Kniestand zu kommen - mit den Händen abstützen und aufstehen.	

Kapitel 4

Wassergymnastik

Inhalte dieser speziellen Form der Gymnastik sind körperbildende Übungen mit und ohne Handgerät sowie spielerische Übungsformen im Wasser.

Besondere Bedeutung erfährt die Wassergymnastik für sporttreibende ältere Menschen durch die Auswirkungen der physikalischen Eigenschaften des Wassers auf den Körper:

Der Auftrieb: Er entlastet den Stütz- und Bewegungsapparat; dadurch werden Verspannungen gelöst und neue Bewegungsspielräume geschaffen;

Der Widerstand: Er kräftigt die Muskulatur (ca. 70% der gesamten Muskulatur werden beansprucht) und trainiert das Herz-Kreislaufsystem;

Der Druck: Er führt zu einer Kreislaufbelastung infolge einer Blutvolumenverschiebung; durch Veränderungen der Atemwege erfolgt eine Kräftigung der Atemmuskulatur;

Die Wärmeleitfähigkeit: Sie erhöht durch den Wärmeverlust des Körpers den Stoffwechsel.

Beim Aufbau von Übungsgruppen sollte man darauf achten, daß eine Teilnehmerzahl von 15 Personen nicht überschritten wird. Eine Trennung von Schwimmern und Nichtschwimmern ist nicht erforderlich. Die Übungsdauer beträgt 30 Minuten bei einer Wassertemperatur von 30—32° C und einer Wassertiefe von ca. 1,20 m. Bewährt hat sich eine Dreiteilung der Übungsstunde in:

— **Aufwärmphase** (ca. 10 min)
  Ziel: Erwärmung, Lockerung und Entspannung der Muskulatur;
— **Intensivphase** (ca. 15 min)
  Ziel: Kräftigung und Dehnung der Muskulatur;
— **Ausklang** (ca. 5 min)
  Ziel: Allgemeine Normalisierung der Körperfunktion.

Die Vielfalt der Übungsgeräte, die in der Wassergymnastik verwendet werden können, tragen zu einem ansprechenden Übungsangebot bei.

NR.	HINWEISE / ORGANISATION	BESCHREIBUNG	ZIEL
1	freie Aufstellung 	Im Vorwärtsgehen die Knie hoch aus dem Wasser heben und kräftig nach unten treten (Wassertreten).	Kräftigung der Muskulatur
2	"	Vorwärtsgehen, dabei mit den Armen Mühlkreisen; - dasselbe im Rückwärtsgehen.	Kräftigung der Muskulatur; Beweglichkeit der Schultergelenke
3	"	Vorwärtsgehen, dabei mit dem re Ellenbogen das li Knie berühren und umgekehrt.	Koordination
4	"	Seitgalopphüpfer, dabei durch Frontalkreise mit einem Arm die Bewegungsrichtung unterstützen.	Kräftigung der Muskulatur, Koordination

4.2 Übungen am Beckenrand: Übungsformen frontal zur ÜLR

NR.	HINWEISE / ORGANISATION	BESCHREIBUNG	ZIEL
5	frontal zur ÜLR	Mit beiden Händen an der ÜLR festhalten, parallele Fußstellung. Körper heranziehen und wegdrücken durch Beugen und Strecken der Arme (Wellenbewegung).	Kräftigung der Arm-Schulter-Bauch- und Rückenmuskulatur
6	" 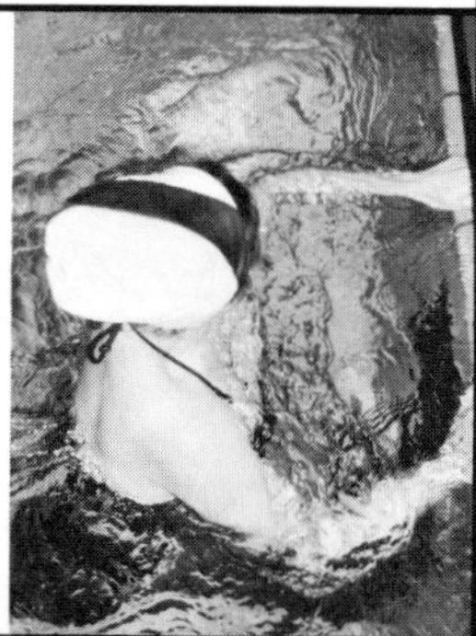	Beide Hände fassen die ÜLR; im Stand Beckenkreisen nach re/li, dabei die Bewegung durch Beugen und Strecken der Arme vergrößern.	Beweglichkeit der Hüftgelenke, Koordination
7	" 	Mit den Füßen an der Beckenwand hochlaufen - Knie zeigen aus dem Wasser - und wieder zum Boden zurück.	Dehnung der Arm-Schulter- und Rückenmuskulatur
8		Mit beiden Füßen gleichzeitig vom Boden gegen die Beckenwand springen und wieder in die Ausgangsposition zurück.	"

NR.	HINWEISE / ORGANISATION	BESCHREIBUNG	ZIEL
9	frontal zur ÜLR 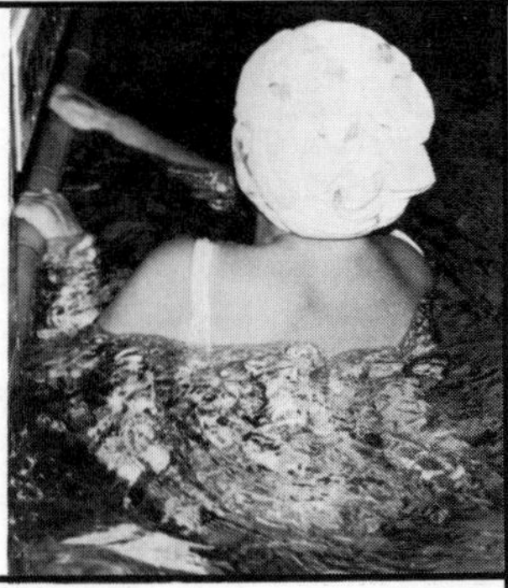	Beide Hände fassen die ÜLR; Füße gegen die Beckenwand stellen. Teilrotation um die Körperlängsachse nach re/li, dabei zeigt abwechselnd die re/li Beckenseite aus dem Wasser.	Dehnung der Arm-Schulter-Rückenmuskulatur, Mobilisation der Wirbelsäule
10	"	Ausgangshaltung wie vorangehende Übung. Im Wechsel beide Beine strecken, dabei das Gesäß zur Wasseroberfläche bringen, und wieder beugen.	Dehnung der Rückseite
11	"	Aus der Schlußstellung mit gegrätschten Beinen gegen die Beckenwand springen und wieder in die Ausgangsposition zurück. - dasselbe, jedoch in der Grätsche bleiben und durch wechselseitiges Beugen der Beine das Gewicht nach re und li verlagern.	Dehnung und Kräftigung der Arm-Schulter-Rumpf- und Beinmuskulatur

4.2 Übungen am Beckenrand: Übungsformen seitlich zur ÜLR

NR.	HINWEISE / ORGANISATION	BESCHREIBUNG	ZIEL
12	seitlich zur ÜLR 	Grätschstand, re Hand faßt die ÜLR. Mit dem gestreckten li Arm im Wasser einen Halbkreis in der Horizontalen vor dem Körper beschreiben, dabei das Wasser mit der Hand in die ÜLR füllen. Dasselbe gegengleich.	Kräftigung der Hände, Arm-Schulter- und Rumpfmuskulatur
13	"	Schlußstellung, re/li Hand faßt die ÜLR. Das re/li Bein gestreckt in die Vorhalte heben und am Standbein vorbei in die Rückhalte führen. Oberkörper bleibt aufrecht!	Dehnung und Kräftigung der Beinmuskulatur
14		Ausgangshaltung wie vorangehende Übung. Äußeres Bein vor dem Standbein kreuzen und gestreckt in die Seithalte führen.	Dehnung der Beininnenseite
15	"	Schlußstellung re bzw. li Bein gebeugt anheben. Mit Unterschenkel und Fuß Kreise nach außen und innen beschreiben.	Beweglichkeit des Fuß- und Kniegelenks, Koordination

NR.	HINWEISE / ORGANISATION	BESCHREIBUNG	ZIEL
16	Mit dem Rücken zur ÜLR 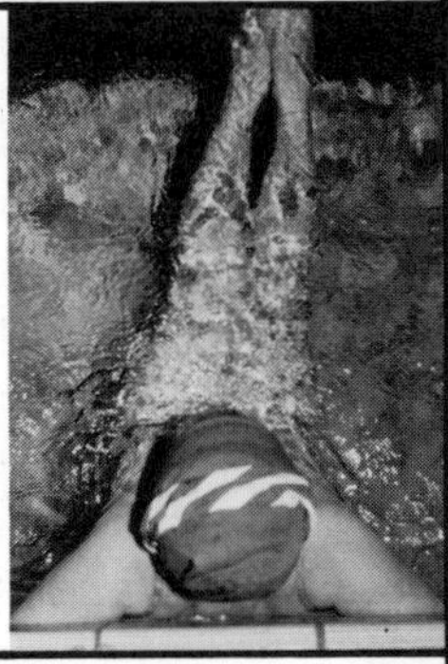	Arme nach re und li in die Seithalte führen, Hände fassen die ÜLR. Beide Beine anhocken, nach vorn strecken und die Beine gestreckt nach unten führen. Der Rücken bleibt an der Beckenwand. Auf richtige Atmung hinweisen!	Kräftigung der Bein- und Bauchmuskulatur
17	"	Ausgangshaltung wie vorangehende Übung. Die gebeugten Beine vor dem Körper nach re und li drehen.	Kräftigung der Bauch- und Rückenmuskulatur, Mobilisation der Wirbelsäule
18	"	Ausgangshaltung wie vorangehende Übung. Beine anhocken und gestreckt in die Waagerechte führen. Mit geschlossenen Beinen vor dem Körper Kreise beschreiben.	Kräftigung der Bauch-, Rücken- und Beinmuskulatur
19	"	Im Stand, beide Hände fassen die ÜLR. Re Bein gestreckt in die Vorhalte heben, zur Seite führen und mit dem Fuß re/li die Beckenwand berühren. Rücken bleibt an der Wand.	Dehnung und Kräftigung der Beinmuskulatur, Mobilisation der Hüftgelenke

4.3 Übungen an der Treppe: Übungsformen im Sitzen

NR.	HINWEISE / ORGANISATION	BESCHREIBUNG	ZIEL
20	Im Sitz auf der Treppe; Hände seitlich neben dem Körper aufstützen	Beide Beine gebeugt zum Körper heranziehen, dann die Beine strecken und das Wasser kräftig mit den Füßen nach vorn stoßen.	Kräftigung der Bein- und Bauchmuskulatur
21	"	Die angewinkelten Beine geschlossen nach re und li drehen.	Mobilisation der Wirbelsäule
22	"	Mit den Beinen "Fahrradfahren", dabei das Becken so kippen, daß die Beine weit nach re und li herüber geführt werden können.	" Kräftigung der Beinmuskulatur
23	"	Die Beine abwechselnd grätschen und scheren.	Kräftigung der Bauch- und Beinmuskulatur
24	" 	Mit den gestreckten, geschlossenen Beinen in der Senkrechten Kreise beschreiben.	"

NR.	HINWEISE / ORGANISATION	BESCHREIBUNG	ZIEL
25	Im Stütz vor der Treppe	Im Liegestütz vorlings mit den Händen auf der Treppe weit nach li und dann nach re gehen; Füße bleiben fixiert.	Kräftigung der Arm-, Schulter-, Rumpfmuskulatur
26	" 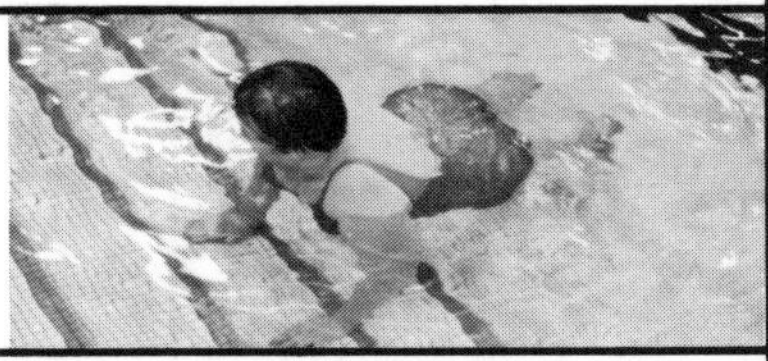	Wie vorangehende Übung, jedoch mit den Füßen nach re und li herüber gehen; Hände bleiben fixiert.	" Mobilisation der Wirbelsäule
27	"	Im Liegestütz vorlings; wechselseitiges Rück-Hochspreizen des re/li Beines.	Dehnung und Kräftigung der Beinmuskulatur
28	"	Liegestütz vorlings; Beine auftreiben lassen. Durch leichten Kraulbeinschlag versuchen, in der Bauchlage zu bleiben.	Entlastung des Stütz- und Bewegungsapparates
29	"	Liegestütz vorlings; wechselseitiges Anheben und Senken der Fersen.	Dehnung der rückwärtigen Beinmuskulatur

4.4.1 Wassergymnastik mit dem Schwimmbrett: Übungsformen in Fortbewegung/Stand/Beckenrand

NR.	HINWEISE / ORGANISATION	BESCHREIBUNG	ZIEL
30	Freie Aufstellung, je Teilnehmer 1 Brett	Schwimmbrett mit beiden Händen fassen und senkrecht vor dem Körper ins Wasser eintauchen. Vorwärtsgehen und mit gestreckten Armen das Brett durchs Wasser schieben; - auch im Rückwärtsgehen, dabei das Brett ziehen mit beiden Händen	Kräftigung der Arm-Schulter-Rumpfmuskulatur
31	" 	Vorwärtsgehen und das Brett im Wechsel an der re und li Körperseite ins Wasser eintauchen und unter Wasser nach hinten führen (Paddelbewegung).	" Koordination
32	"	Das Brett mit beiden Händen vor dem Körper unter Wasser drücken und wieder hochtreiben lassen; - dasselbe, nur mit der re/li Hand an der re/li Körperseite	Kräftigung der Arm-Schulter-Rumpfmuskulatur
33	Mit dem Rücken zur Beckenwand stehen, Arme seitlich nach re und li ausstrecken; Hände fassen die ÜLR 	Das Schwimmbrett zwischen die Knie oder Unterschenkel klemmen und die Beine hochtreiben lassen. Teilrotation um die Längsachse, so daß nacheinander die re/li Beckenseite aus dem Wasser herauszeigt.	Kräftigung der Bauch- und Beinmuskulatur; Mobilisation der Wirbelsäule
34	"	Mit beiden Füßen auf das Schwimmbrett stellen. Beide Beine gleichzeitig anhocken, dabei mit den Füßen in Brettkontakt bleiben dann das Brett wieder zum Beckenboden zurückführen.	Kräftigung der Bauch- und Beinmuskulatur, Koordination

NR.	HINWEISE / ORGANISATION	BESCHREIBUNG	ZIEL
35	Paarweise gegenüber stehen, jedes Paar hat 2 Schwimmbretter 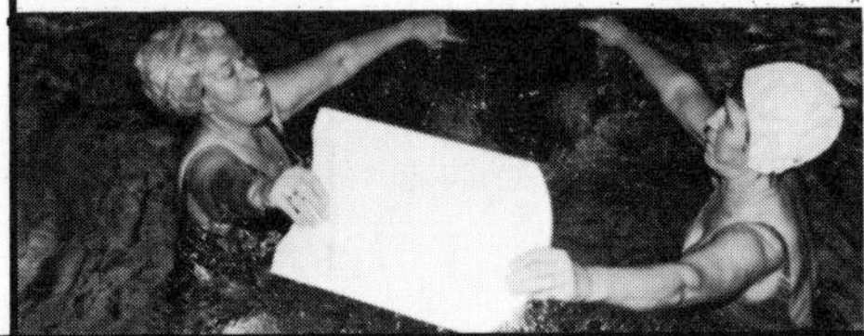	Die senkrecht gestellten Bretter an den gegenüberliegenden kurzen Seiten fassen und vor dem Körper ins Wasser tauchen. Dann die Bretter nach re und li über die Seit- in die Hochhalte führen und vorn wieder eintauchen; - dasselbe gegengleich.	Kräftigung der Arm-Schulter-Rumpfmuskulatur, Koordination
36	"	Die Partner legen die Hände auf die Schwimmbretter. Durch wechselseitiges Vor- und Zurückbewegen werden die Bretter durchs Wasser gezogen (sägen); - dasselbe, dabei die Bretter unter Wasser drücken; - dasselbe, dabei Spreizsprünge ausführen.	" Kräftigung der Beinmuskulatur
37	Rücken an Rücken stehen, an jeder Seite ein Brett	Die Hände liegen auf den Brettern und werden durch Rumpfdrehen mit gestreckten Armen über die Seite vor- und zurückgeführt.	Mobilisation der Wirbelsäule, Abstimmung auf den Partner

4.4.1 Wassergymnastik mit dem Schwimmbrett: Spielerische Übungsformen

NR.	HINWEISE / ORGANISATION	BESCHREIBUNG	ZIEL
38	Pendel-staffel	Schwimmbrettstaffel: Jede Mannschaft hat ein Schwimmbrett, auf dem sich ein Tischtennisball befindet. Das Brett wird über die Wasserüberfläche zum gegenüberstehenden Spieler geschoben, ohne daß der Ball ins Wasser fällt. Das Spiel ist beendet, wenn alle Teilnehmer wieder in ihrer Ausgangsposition stehen.	Geschicklichkeit, Kooperation
39	Zwei gleichstarke Mannschaften stehen nebeneinander an der kurzen Beckenseite - jeder Spieler hat ein Schwimmbrett.	Schwimmender Turm: Alle Schwimmbretter einer Mannschaft werden zu einem Turm aufeinandergelegt und sollen von einem Spieler auf der Wasseroberfläche schwimmend zur gegenüberliegenden Seite transportiert werden. Die anderen Mannschaftsmitglieder sichern den schwimmenden Turm, indem sie herabfallende Bretter wieder aufeinander legen.	"

NR.	HINWEISE / ORGANISATION	BESCHREIBUNG	ZIEL
40	Freie Aufstellung, je Teilnehmer 2 Bretter, die Unterarme liegen auf den Brettern.	Froschsprünge: Mit beiden Füßen vom Boden abstoßen - kurze Gleitphase in der Bauchlage - beide Beine wieder anhocken und zum Boden zurückführen.	Kräftigung der Beinmuskulatur, Koordination, Entlastung des Stütz- und Bewegungsapparates
41	" 	Arme nach re und li in die Seithalte führen. Beide Beine vor dem Körper anhocken und in die Rückenlage begeben; - mit den Beinen Fahrradfahren.	"
42	"	Ausgangshaltung wie vorangehende Übung: Die angewinkelten Beine nach re und li drehen - dabei Teilrotation um die Längsachse.	" Mobilisation der Wirbelsäule
43	"	Ausgangshaltung wie vorangehende Übung; die angewinkelten Beine unter dem Körperschwerpunkt hindurch nach hinten führen und in der Bauchlage strecken; - dasselbe gegengleich.	Kräftigung großer Muskelgruppen; Koordination
44	Grätschstand, die Hände liegen jeweils auf einem Brett	Rumpfdrehen, dabei die Bretter im Halbkreis vor dem Körper auf der Wasseroberfläche weit von re nach li ziehen.	Mobilisation der Wirbelsäule

4.4.2 Wassergymnastik mit dem Tennisring: Übungsformen in der Fortbewegung und im Stand

NR.	HINWEISE / ORGANISATION	BESCHREIBUNG	ZIEL
45	Teilnehmer fassen mit den Tennisringen zu einer oder mehreren Ketten durch	Auf einer Linie parallel zum Beckenrand aufstellen. Vorwärts durchs Wasser gehen; dabei versuchen alle Teilnehmer einer Gruppe auf der Linie zu bleiben; - jeder Zweite dreht sich um und geht rückwärts.	Abstimmung auf die Gruppe, Koordination
46	"	In Schlagnenlinien durchs Wasser gehen, einer führt die Gruppe an; - mit Seit-Kreuz-Schritten durchs Wasser gehen (mit Musik!).	" Raumorientierung
47	Freie Aufstellung, jeder hat einen Tennisring 	"Wolle wickeln" Li und re Hand werden in den Tennisring hineingesteckt, die Hände kreisen umeinander vorwärts/rückwärts; dabei die Arme in verschiedene Richtungen unter Wasser ausstrecken.	Kräftigung der Arm-Schulter-Rumpfmuskulatur
48	"	Tennisring unter Wasser in der Horizontalebene um den Körper herumgeben - dabei vor und hinter dem Körper Handwechsel.	" Beweglichkeit des Schultergelenks
49	Grätschstand	Tennisring in Achterkreisen um die gegrätschten Beine herumgeben.	Rumpfbeweglichkeit

4.4.2 Wassergymnastik mit dem Tennisring: Partnerübungen und spielerische Übungsformen

NR.	HINWEISE/ORGANISATION	BESCHREIBUNG	ZIEL
50	Im Schlußstand, beide Hände fassen den Tennisring	Rumpfvorbeugen und den Tennisring mit ausgestreckten Armen weit nach re/li durchs Wasser ziehen.	Dehnung der Rückseite, Kräftigung der Vorderseite
51	Paarweise gegenüber stehen, Abstand ca. 50 cm 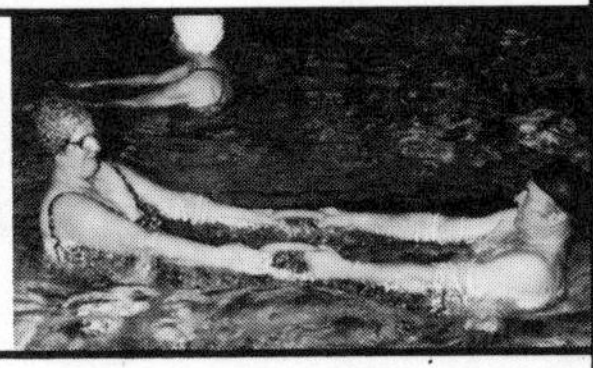	Die Partner lehnen sich nach hinten bis zur Streckung der Arme, beugen dann gleichzeitig die Beine und ziehen sich gegenseitig wieder in die Ausgangsposition zurück.	Dehnung und Kräftigung der Arm-Schulter-Rumpfmuskulatur
52	Paarweise gegenüber im Grätschstand	Die ausgestreckten Arme im Wasser parallel von re nach li führen; dabei Gewichtsverlagerung vom re auf das li Bein.	Kräftigung der Arm-Schulter-Rumpf- und Beinmuskulatur
53	Pendelstaffel	Tischtennisball liegt auf der Wasseroberfläche in einem Tennisring und wird so über eine festgesetzte Entfernung zum gegenüberstehenden Mitspieler transportiert. Es soll versucht werden, daß der Ball im Tennisring bleibt.	Koordination, Kooperation
54	Zwei gleichstarke Mannschaften (jede hat ihre eigene Tennisringfarbe) stehen auf einer Linie nebeneinander	<u>Ballfischfang:</u> Auf der Wasseroberfläche schwimmen zahlreiche Tischtennisbälle, die "gefangen werden sollen". Auf ein Startzeichen werfen alle Spieler ihre Tennisringe und versuchen, mit ihnen einen Ball zu "fischen".	Auge-Hand-Koordination

4.4.3 Wassergymnastik mit dem Gymnastikstab: Übungsformen in der Fortbewegung und im Stand

NR.	HINWEISE / ORGANISATION	BESCHREIBUNG	ZIEL
55	Freie Aufstellung; jeder hat einen Gymnastikstab	Zügig durchs Wasser gehen und den Stab abwechselnd mit der re/li Hand senkrecht auf den Boden stellen; - um die auf den Boden gestellten Stäbe herumgehen.	Allgemeine Kräftigung, Raumorientierung
56	"	Stab mit beiden Händen an den Enden fassen und waagerecht vor dem Körper halten. Im Gehen den Stab aus der Tief- über die Vor- zur Hochhalte führen und umgekehrt.	Kräftigung der Arm-Schulter-Rumpfmuskulatur
57	"	Stab waagerecht vor dem Körper halten - eine Hand faßt die Stabmitte. Stab in der Horizontalebene unter Wasser mit der Hand drehen; Handwechsel re/li; - dasselbe in der Vertikalen.	Kräftigung der Finger-, Arm- und Schultermuskulatur
58	" 	Stab liegt hinter dem Kopf auf den Schultern und wird im Wasser weit von re nach li gezogen.	Dehnung und Kräftigung der Arm- und Schultermuskulatur
59	"	Stab mit beiden Händen an den Stabenden fassen und in der Waagerechten vor dem Körper halten. Mit dem Stab unter Wasser "Paddelbewegungen" ausführen.	Kräftigung der Arm-Schulter-Rumpfmuskulatur

4.4.3 Wassergymnastik mit dem Gymnastikstab: Partnerübungen und spielerische Übungsformen

NR.	HINWEISE / ORGANISATION	BESCHREIBUNG	ZIEL
60	Paarweise hintereinander stehen; die jeweils gegenüberliegenden Stabenden mit der re und li Hand fassen	Die parallel gehaltenen Stäbe gleichzeitig vor- und zurückführen, die Arme sind dabei gestreckt.	Dehnung und Kräftigung der Arm-Schulter-Rumpfmuskulatur
61	"	Die Stäbe gegengleich vor- und zurückführen, dabei vorwärtsgehen.	" Koordination
62	Paarweise gegenüber stehen 	Die parallel gehaltenen Stäbe von re nach li führen und in der Hochhalte unter ihnen hindurchdrehen.	"
63	Die Spieler stehen sich in Reihenaufstellung mit gleicher Spielerzahl gegenüber (Pendelstaffel).	Jeder Spieler hält einen Gymnastikstab in der Hand, mit dem er einen Tauchring am Boden entlangschieben soll. Der Ring soll nacheinander von jedem Teilnehmer der Mannschaft über eine festgesetzte Entfernung zum gegenüberstehenden Mitspieler transportiert werden.	Kräftigung großer Muskelgruppen, Koordination

4.4.4 Wassergymnastik mit dem Ball: Übungsformen in der Fortbewegung und im Stand

NR.	HINWEISE / ORGANISATION	BESCHREIBUNG	ZIEL
64	Freie Aufstellung 	Bälle auf die Wasseroberfläche legen und mit verschiedenen Körperteilen(z.B. Hände, Ellenbogen, Knie) vorantreiben.	Kräftigung der Muskulatur, Koordination
65	"	Wie vorangehende Übung, jedoch den Ball vorantreiben, ohne ihn zu berühren.	Kreativität, Gewandtheit
66	"	Im Stand: Ball mit gestrecktem Arm in der Sagittalebene vor- und zurückführen. Handwechsel re/li. - dasselbe in Verbindung mit 1/1 Armkreis.	Dehnung und Kräftigung der Arm-, Schulter- und Rumpfmuskulatur
67	"	Im Stand: Ball mit beiden Händen fassen und vor dem Körper unter Wasser Kreise beschreiben - in der Horizontalebene - in der Vertikalebene	"
68	"	Im Stand: Ball vor dem Körper unter Wasser drücken, loslassen und in der Luft wieder auffangen.	Koordination, Reaktion

4.4.4 Wassergymnastik mit dem Ball: Partnerübungen und spielerische Übungsformen

NR.	HINWEISE / ORGANISATION	BESCHREIBUNG	ZIEL
69	paarweise gegenüber stehen, pro Paar 2 Bälle	Bälle befinden sich zwischen den jeweils gegenüberliegenden Handflächen. Die Arme werden in entgegengesetzter Richtung aus der Hoch- über die Seit- in die Tiefhalte geführt und umgekehrt. Dabei aktives beugen und strecken der Beine.	Dehnung und Kräftigung der Arm-, Schulter- und Rumpf-muskulatur
70	paarweise gegenüber stehen, pro Paar 1 Ball 	Partner fassen die Hände - Ball liegt zwischen ihnen auf der Wasseroberfläche. Die Arme kreisen nacheinander um den Ball. Richtungswechsel re/li. - dasselbe mit paralleler Armführung.	Kräftigung der Arm-, Schulter- und Rumpf-muskulatur, Koordination
71	Rücken an Rücken stehen	A gibt den Ball durch die gegrätschten Beine zu B, der ihn über die Vor-Hochhalte wieder zu A zurückreicht, - dasselbe mit 2 Bällen, dabei wird ein Ball durch die gegrätschten Beine gereicht und gleichzeitig ein zweiter über Kopf angenommen.	Dehnung und Kräftigung der Muskulatur, Koordination
72	Stirnkreis 	Spieler stehen Schulter an Schulter auf der Kreisbahn - 1 oder 2 von ihnen befinden sich in der Kreismitte. Die Kreisspieler reichen unter Wasser 2 (oder mehrere) Bälle möglichst unauffällig hinter dem Rücken weiter an die neben ihnen Stehenden. Die Spieler in der Mitte sollen herausfinden, bei wem sich der Ball gerade befindet. Wird ein Kreisspieler mit Ball "ertappt", wechselt dieser in die Mitte.	Geschicklich-keit, Kooperation

4.4.5 Wassergymnastik mit dem „Igelball“: Übungsformen in der Fortbewegung und im Stand

NR.	HINWEISE / ORGANISATION	BESCHREIBUNG	ZIEL
73	Freie Aufstellung	Zügig durchs Wasser gehen, dabei den Ball hochwerfen und fangen.	Allgemeine Kräftigung, Koordination
74	"	Igelball mit beiden Händen unter Wasser kräftig kneten.	Förderung der Durchblutung
75	" 	Den Ball auf verschiedenen Körperteilen hin und herrollen; Hand, Arm, Schultern, Beine usw.	"
76	"	Grätschstand: Rumpfseitbeugen nach re, dabei den Ball mit der re Hand an der re Körperseite von oben nach unten rollen und beim Aufrichten wieder hinauf. Dasselbe an der anderen Seite.	Flankendehnung
77	"	Im Stand: Den Ball mit der Fußsohle re/li in verschiedene Richtungen auf dem Boden entlang rollen. Standbein fixieren.	dynamisches Gleichgewicht

NR.	HINWEISE / ORGANISATION	BESCHREIBUNG	ZIEL
78	paarweise gegenüber-stehen, Hände in Brusthöhe	Zwei Igelbälle befinden sich zwischen den jeweils gegenüberliegenden Handflächen. A fährt mit den Händen unter Wasser in verschiedene Richtungen, B folgt den Bewegungen.	Koordination
79	Rücken an Rücken stehen	Den Igelball zwischen die Schulterblätter klemmen. Durch wechselseitiges Kniebeugen- und strecken wird der Ball auf dem Rücken entlang gerollt.	Abstimmung auf den Partner
80	paarweise gegenüber-stehen	Die Partner heben das re Bein an und klemmen den Igelball zwischen die Füße. Der Ball wird um die Füße gerollt.	Gleichgewicht, Geschicklich-keit
81	Flankenkreis 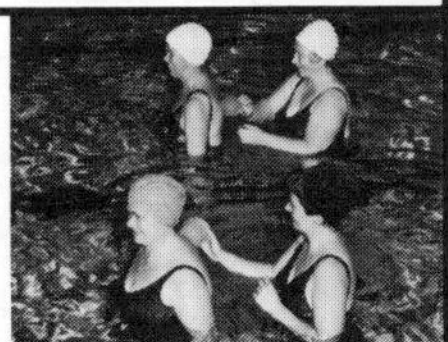	Die Teilnehmer rollen die Igelbälle auf dem Rücken des Vordermannes und bewegen sich dabei auf der Kreisbahn vorwärts.	Koordination
82	Stirnkreise mit gleicher Spielerzahl	Wasserbehälter versenken Jede Gruppe bildet einen Kreis um eine Plastikschüssel. Mit beiden Händen wird die Schüssel mit Wasser gefüllt und dadurch zum Sinken gebracht, - dasselbe nur mit der re oder li Hand.	Förderung des Zusammenspiels, Spaß und Freude erleben

4.4.6 Wassergymnastik mit dem Reifen: Übungsformen in der Fortbewegung und im Stand

NR.	HINWEISE / ORGANISATION	BESCHREIBUNG	ZIEL
83	Freie Aufstellung	Im waagerecht gehaltenen Reifen stehen; kreuz und quer durchs Becken gehen, dabei den Reifen mit den Händen unter Wasser drücken und wieder hinauf ziehen.	Kräftigung der Muskulatur
84	"	Im Vorwärtsgehen den Reifen mit den Händen auf dem Beckenboden entlang rollen.	" Geschicklichkeit
85	"	Im Vorwärts- und Rückwärtsgehen durch den Reifen steigen.	" Koordination
86	" 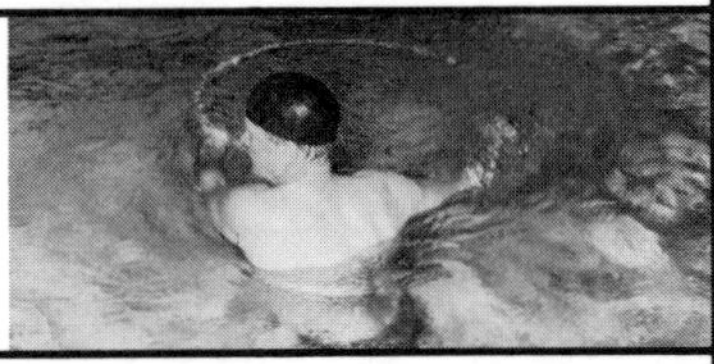	Grätschstand: Den Reifen mit beiden Händen fassen und vor dem Körper auf der Wasseroberfläche weit von re nach li ziehen.	Dehnung und Kräftigung der Arm-, Schulter- und Rumpfmuskulatur
87	"	Den Reifen in der Sagittalebene abwechselnd mit der re/li Hand vor- und zurückführen. - dasselbe, dabei den Reifen in der Vor- und Rückhalte in die andere Hand übergeben.	"

4.4.6 Wassergymnastik mit dem Reifen: Einzel-, Partner- und Gruppenübungen

NR.	HINWEISE / ORGANISATION	BESCHREIBUNG	ZIEL
88	Freie Aufstellung	Reifen auf den Boden stellen und mit der re/li Hand zwirbeln; dabei um den Reifen herum gehen.	Kräftigung der Finger, der Arm- und Schultermuskulatur
89	paarweise gegenüberstehen	Partner stehen beide im waagerecht gehaltenen Reifen und bewegen sich mit Seitgalopphüpfern durchs Wasser - über die Längsseite des Beckens, - am Ort, umeinander herum.	Kräftigung der Beinmuskulatur, Koordination
90	" und hintereinander stehen	Einer der Partner steht mit geschlossenen Augen im waagerecht gehaltenen Reifen und wird vom anderen im Vorwärtsgehen durchs Becken geführt, - dasselbe, dabei geht der im Reifen stehende rückwärts.	Vertrauen zum Partner, Raumorientierung
91	paarweise gegenüberstehen	Partner fassen den waagerecht gehaltenen Reifen und geben ihn unter Wasser mit beiden Händen nach re und li herum.	Koordination
92	Innenstirnkreis	Mit den waagerecht gehaltenen Reifen zum Kreis durchfassen. Federungen im Schlußstand mit 1/4 Drehung um die Längsachse nach re und li ausführen, dabei auf der Kreisbahn fortbewegen.	" Mobilisation der Wirbelsäule

4.4.7 Wassergymnastik mit Paddles: Übungsformen in der Fortbewegung und im Stand

NR.	HINWEISE / ORGANISATION	BESCHREIBUNG	ZIEL
93	Freie Aufstellung; je Teilnehmer 2 Paddles	Vorwärtsgehen und mit den Armen Mühlkreisen; dabei mit den Paddles das Wasser an der Körperseite vorbei nach hinten drücken; - dasselbe im Rückwärtsgehen mit Mühlarmkreisen rw.	Allgemeine Kräftigung; Beweglichkeit des Schultergürtels, Koordination
94	" 	Vorwärtsgehen und mit ausgestreckten Armen in der Vor- und Seithalte das Wasser mit den Paddles vor sich herschieben.	Kräftigung der Arm-Schulter-Rumpfmuskulatur
95	"	Im Vorwärtsgehen die Knie hoch aus dem Wasser heben und die Paddles mit gestreckten Armen aus der Seithalte unter dem angewinkelten Bein zusammenführen.	" Gleichgewicht, Koordination
96	"	Im Stand: Das Wasser in alle Richtungen (vw, rw, sw) mit den Paddles vom Körper wegschieben.	Kräftigung der Arm-Schulter-Rumpfmuskulatur.
97	"	Im Stand: Die gestreckten Arme in der Horizontalebene aus der Seit- in die Vorhalte führen; dabei mit den Paddles das Wasser vor dem Körper zusammendrücken und das Gewicht auf das vordere Bein verlagern: - dasselbe in entgegengesetzter Richtung.	" Dehnung der Brustmuskulatur

4.4.7 Wassergymnastik mit Paddles: Einzel- und Partnerübungen, Spielerische Übungsformen

NR.	HINWEISE / ORGANISATION	BESCHREIBUNG	ZIEL
98	Freie Aufstellung; je Teilnehmer 2 Paddles	Die Arme befinden sich re und li in der Seithalte - die Paddles liegen auf der Wasseroberfläche. Arme über die Tief- zur Vorhalte führen und die Hände vor dem Körper kreuzen. Handflächen nach außen drehen und das Wasser wieder nach re und li zurückschieben; - dasselbe hinter dem Körper.	Kräftigung der Arm-Schulter-Rumpfmuskulatur
99	Paarweise rechtsschultrig nebeneinander stehen 	Arme befinden sich gestreckt in der Seithalte - die Paddles der inneren Hand werden aufeinander gelegt; die der äußeren Hand werden senkrecht ins Wasser gehalten. Auf der Kreisbahn vw umeinander herumgehen.	" Koordination
100	Rücken an Rücken stehen; Abstand ca 1 m	Partner drehen den Rumpf in gleicher oder entgegengesetzter Richtung um die Körperlängsachse und schieben sich das Wasser mit beiden Händen zu.	Mobilisation der Wirbelsäule, Kräftigung der Arm-Schulter-Rumpfmuskulatur
101	Stirnkreis, 4-6 Spieler pro Gruppe 	<u>Paddle Tennis</u> Die Spieler einer Gruppe versuchen, sich mit dem Paddle einen Tischtennisball so zuzuschlagen, daß möglichst viele Ballkontakte aufeinander erfolgen.	Geschicklichkeit, Kooperation

4.4.8 Wassergymnastik mit der Zauberschnur: Übungsformen in der Kreisaufstellung

NR.	HINWEISE / ORGANISATION	BESCHREIBUNG	ZIEL
102	Flanken-kreis 	Re Schulter zeigt zur Kreismitte, re Hand faßt die Zauberschnur. Auf der Kreisbahn vw gehen und mit der äußeren Hand durch wegschieben des Wassers die Bewegungsrichtung unterstützen. - auch im Rückwärtsgehen.	Kräftigung der Muskulatur, Koordination
103	Innenstirn-kreis	Mit beiden Füßen auf die Zauberschnur stellen und nach re/li balancieren; dabei mit den Zehen die Schnur festhalten, damit der Kreis nicht verkleinert wird.	Beweglichkeit der Fußzehen, Gleichgewicht
104	"	Zauberschnur mit beiden Händen in der Vorhalte fassen und im Wechsel vorwärts und rückwärts über die Schnur steigen.	Beweglichkeit
105	"	Zauberschnur befindet sich an der Rückseite. Im Seitgalopp auf der Kreisbahn nach re und li bewegen, dabei den Oberkörper etwas nach hinten neigen.	Kräftigung der Beinmuskulatur, Koordination
106	Außen-stirn-kreis	Teilnehmer stehen mit dem Rücken zur Kreismitte und fassen die Zauberschnur, die sich an der Rückseite befindet mit beiden Händen. Vorwärtsgehen bis die Schnur ausreichend gespannt ist; dann rückwärts zur Kreismitte zurückgehen.	Dehnung und Kräftigung des Schultergürtels

4.4.8 Wassergymnastik mit der Zauberschnur: Übungsformen in der Kreisaufstellung

NR.	HINWEISE / ORGANISATION	BESCHREIBUNG	ZIEL
107	Innenstirn- kreis	Die Zauberschnur mit beiden Händen fassen und unter Wasser nach re/li weitergeben.	Fingerbeweg- lichkeit, Geschicklich- keit
108	"	Beide Hände fassen die Schnur. Rückwärts gehen, dabei die Zauberschnur soweit wie möglich auseinanderziehen; dann im Stand den Körper nach hinten lehnen und wieder in die Ausgangsposition zurückgehen.	Gewöhnung an das Handgerät, Abstimmung mit der Gruppe
109	"	Wie vorangehende Übung, jedoch nach dem Zurücklehnen beide Beine vom Boden lösen und sich durch den Zug der Zauberschnur in die Ausgangsposition treiben lassen (nur für Geübte!).	Koordination
110		Jeder Zweite führt die Hände mit der Zauberschnur in die Hochhalte. Die anderen gehen in einer Richtung im Slalom um sie herum. - dasselbe im Rückwärtsgehen - dasselbe im Hopserlauf	" Kräftigung der Muskulatur

4.4.9 Wassergymnastik mit dem Luftballon: Übungsformen in der Fortbewegung und im Stand

NR.	HINWEISE / ORGANISATION	BESCHREIBUNG	ZIEL
111	Freie Aufstellung; jeder hat einen Luftballon 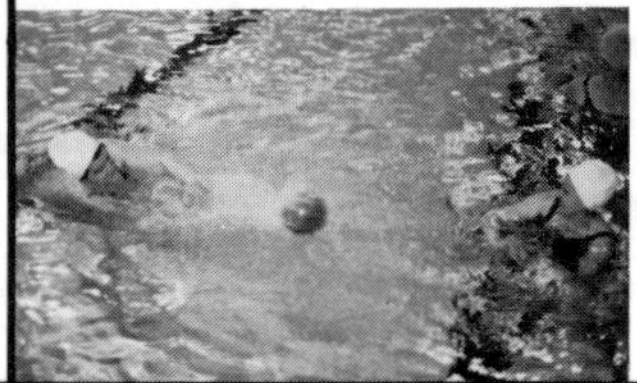	Luftballon auf die Wasseroberfläche legen und im Vorwärtsgehen, ohne Hinzunahme der Hände, nach eigenen Ideen vorantreiben; - dasselbe im Rückwärtsgehen.	Kräftigung der Muskulatur, Koordination, Raumorientierung
112	"	Arme sind gestreckt in der Vorhalte, beide Hände liegen auf dem Luftballon. Mit Seit-Kreuz-Schritten durchs Wasser gehen - Arme bleiben in der Ausgangsposition!	Mobilisation der Hüftgelenke
113	"	Ausgangshaltung wie vorangehende Übung; Rumpfdrehen nach re und den Luftballon hinter dem Rücken auf der Wasseroberfläche liegen lassen - Rumpfdrehen nach li und den Ballon von der anderen Seite wieder aufnehmen.	Mobilisation der Wirbelsäule
114	"	Grätschstand: Luftballon mit einer Hand am Knoten fassen und ihn vor dem Körper im Halbkreis auf der Wasseroberfläche weit von re nach li ziehen.	"

NR.	HINWEISE / ORGANISATION	BESCHREIBUNG	ZIEL
115	paarweise gegenüber-stehen, Ab-stand ca. 2-3 m	Luftballon abwechselnd mit der re/li Hand dem Partner zuschlagen.	Koordination, Abstimmung auf den Partner
116	paarweise neben-einander stehen	Luftballon zwischen die Schultern klemmen und auf der Kreisbahn umeinander herum-gehen.	"
117	Stirn-kreis, Schulter an Schulter stehen	<u>Luftballonjagd:</u> Zwei Spieler, die sich im Kreis gegenüber stehen, erhalten je einen Luftballon. Auf Kommando sollen die Luftballons in eine Richtung so weitergegeben werden, daß der eine den anderen überholt; - dasselbe, jedoch werden die Luftballons mit Wasser gefüllt.	Kooperation, Reaktion
118	Zwei gleichstarke Mannschaften stehen auf einer Becken-seite neben-einander	<u>Zieltreiben:</u> Luftballons werden von einer Beckenseite zur anderen durch Schlagen mit den Händen in der Luft zu einem bestimmten Ziel (z.B. großer Schwimmring) getrieben. Das Spiel ist beendet, wenn alle Spieler einer Mannschaft ihre Luftballons im Ziel haben.	Koordination, Geschicklich-keit

Kapitel 5

Tanzformen

Gymnastisch-tänzerische Bewegungsformen sind zu einem unverzichtbaren Bestandteil im Sport mit Älteren geworden. Die Begründung hierfür liegt in der Möglichkeit vielfältiger Auswahl der Inhalte, die allen Anforderungen einer differenzierten Zielsetzung gerecht werden. Tanzformen aus den verschiedensten Bereichen, wie Folklore, Gesellschaftstanz, Moderne Tanzformen und Tanzspiele lassen sich entsprechend der Zielgruppe variieren und kombinieren. Unter diesem Aspekt sind Verbesserungen in der motorischen Leistungsfähigkeit (Beweglichkeit, Ausdauer, Reaktionsfähigkeit, Gewandtheit, Koordinationsfähigkeit), in der Merk- und Konzentrationsfähigkeit und in der Kontaktbereitschaft durch Partner- und Gruppenarbeit abzusehen.
Grundsätzliche Überlegungen für den Einsatz von Tanzformen liegen im methodisch-didaktischen Bereich. Für den Anfänger bzw. zur Einführung eines Tanzes sollte das Repertoire an Schritten und Figuren so einfach wie möglich gewählt, d. h. zwei bis drei Elemente eines Tanzes sollten in Folge beherrscht werden. Erst im Anschluß daran kann eine Hinführung zur vollständigen Tanzfolge stattfinden. Aus diesen Überlegungen heraus sind die folgenden Vorschläge nicht wie üblicherweise in Takteinheiten untergliedert, sondern in die vorhandenen Teilfiguren eines jeden Tanzes.

NR.	HINWEISE/ORGANISATION	BESCHREIBUNG	ZIEL
		<u>Fröhlicher Kreis</u> Musik: "Devils Dream" KA 85201a, SP 23080	
	Freie Aufstellung	<u>Einstimmung</u> In 4-er Gruppen auf die Musik in verschiedenen Formen durch den Raum gehen.	Aufnahme des Rhythmus, Abstimmung innerhalb der Gruppe
	Zu Paaren in einem großen Kreis durchgefaßt 	<u>Tanzform</u> Vorspiel: 4 Takte (8 Zählzeiten) Figur 1: Alle gehen 8 Schritte vw in Tanzrichtung, dann 1/4 Drehung und 8 Schritte gegen Tanzrichtung. Figur 2: Alle gehen 4 Schritte vw in den Kreis hinein und 4 Schritte rw aus dem Kreis heraus. Figur 3: Mit dem Partner auf der Kreisbahn 16 Schritte vw gehen. Variation: Es lassen sich auch Figuren aus den folgenden Tänzen ableiten (z.B. Teton Mountain Stomp).	Allgemeine Erwärmung, Gruppengefühl, Bewegungsflexibilität

5.1.2 Schritt- und Figurenfolgen mit einfachen Bewegungsstrukturen: Troika

NR.	HINWEISE / ORGANISATION	BESCHREIBUNG	ZIEL
		Troika Musik: SP 23019	
		Einstimmung	
	Freie Aufstellung, alle Hände werden gefaßt	Mit der ganzen Gruppe in Schlangenform Geh- und Laufschritte ausführen. Wechsel innerhalb der Führungsrolle.	Abstimmung auf die Gruppe, Aufnahme des Rhythmus, Raumorientierung
		Tanzform	
	Freie Aufstellung in durchgefaßten 3-er Gruppen	Figur 1: In der 3-er Gruppe mit 32 Laufschritten kreuz und quer durch den Raum bewegen.	
		Figur 2: "Tor", Arme mit Handfassung werden hochgehoben. Nacheinander bewegen sich der re/li Partner mit 8 Laufschritten durch die Armöffnung. Der mittlere Partner läuft jedesmal mit hindurch. Handfassung soll sich nicht lösen. Figur 3: In den 3-er Gruppen zu einem Kreis durchfassen und mit 8 Laufschritten im Kreis nach re/li bewegen.	

NR.	HINWEISE / ORGANISATION	BESCHREIBUNG	ZIEL
		<u>Paprika-Lady</u> Musik: Fidula Fon 1266	
	Mit einem Partner auf freien Raumwegen	<u>Einstimmung</u> Aufnahme der unterschiedlichen Rhythmen (Tempowechsel: langsam/mittel/schnell). Umsetzung in (freien) Bewegungsformen aus dem Bereich Gehen und Laufen.	Einstellung auf unterschiedliche Tempi, Ausprobieren von eigenen Bewegungsvorstellungen
	In 5-er Reihen auf freien Raumwegen. Hände liegen auf den Schultern des vorderen Tänzers. Wechsel innerhalb der Führungsrolle. 	<u>Tanzform</u> Vorspiel: 4 Takte (8 Zählzeiten) Drei unterschiedliche Melodieteile Figur 1: - Schritt re sw, li Fuß anstellen, Schritt re sw, li Fuß unbelastet beistellen - Schritt li sw, re Fuß anstellen, Schritt li sw, re Fuß unbelastet beistellen, Wdhg. der Seitanstellschritte nach re und li. - Figur wird insgesamt 4x getanzt Figur 2: - Schritt re vw und Anheben des li Oberschenkels bis zur Waagerechten. - Schritt li vw und Anheben des re Oberschenkels bis zur Waagerechten. - 4 kleine Laufschritte vw - Figur wird insgesamt 4x getanzt Figur 3: - Laufschritte vw/rw	Abstimmung innerhalb der Gruppe, Koordinations- und Konzentrationsfähigkeit

5.1.4 Schritt- und Figurenfolgen mit einfachen Bewegungsstrukturen: Jiffy Mixer

NR.	HINWEISE / ORGANISATION	BESCHREIBUNG	ZIEL
		<u>Jiffy Mixer</u> Musik: SP 23 100, Kögler-Verlag oder Fidula Fon 1271	
	Freie Aufstellung	<u>Einstimmung</u> Mit einem oder mehreren Partnern frei durch den Raum bewegen. Unterschiedliche Fuß- und Beinbewegung ausprobieren: - Isolation von Hacke/Spitze in Verbindung mit Schritten vw/sw, - auf der ganzen Fußsohle zurückrutschen und in die Hände klatschen.	Aufnahme des Rhythmus, Kennenlernen typischer Bewegungsformen
	Zu Paaren gegenüber ohne Handfassung in Kreisform (Innen- und Außenkreis)	<u>Tanzform</u> Figur 1: Alle beginnen mit dem re Bein, Hände sind in der Taille eingestützt. Auf je eine Zählzeit Fußbewegungen Hacke/Spitze, Hacke/Spitze. Schritt re sw, li anstellen, Schritt re sw und li wieder anstellen. Dasselbe in Gegenrichtung zurück, li Bein beginnt.	Bewegungsflexibilität. Geschicklichkeit
		Figur 2: Die Paare stehen sich wieder gegenüber. Gleichzeitig mit beiden Beinen nach hinten "rutschen", dann einmal in die Hände klatschen. Insgesamt 4x ausführen. Distanz zum Partner vergrößert sich.	Gewandtheit, Rhythmisierungsfähigkeit
		Figur 3: Mit 4 Schritten vw auf den Partner zugehen. Variation: Partnerwechsel bei Figur 3 möglich, indem der Innenkreis mehr nach re oder li geht und somit mit dem Nachbarn seines ursprünglichen Partners gegenübersteht.	Raumorientierung

NR.	HINWEISE / ORGANISATION	BESCHREIBUNG	ZIEL
		Spinnradel Musik: Platte "Europäische Tänze für die Schule", Kögler-Verlag	
	Freie Aufstellung	Einstimmung Auf die Musik in Dreier-Schritten (lang-kurz-kurz) durch den Raum gehen, - vw/rw/mit Drehungen, - mit verschiedenen Partnern ausprobieren.	Aufnahme des Rhythmus in unterschiedlichen Raumrichtungen
	Partnerweise nebeneinander mit Kreuzhandfassung im Halbkreis 	Tanzform Vorspiel: 4 Takte Drei unterschiedliche Melodieteile. Grundschritt: 3 Schritte vw im Rhythmus lang-kurz-kurz Figur 1: 8x im Grundschritt re beginnend auf der Kreisbahn vw bewegen. Figur 2: Der kreisinnere Partner führt den Grundschritt 8x auf dem Platz aus. Ohne die Handfassung zu lösen geht der kreisäußere Partner im Grundschritt um den Stehenden herum (6x im Grundschritt um den Partner, 2x im Grundschritt um die eigene Achse drehen). Figur 3: Partner stehen sich gegenüber. Im Grundschritt bewegen sich beide vw ("aufeinander zu") und rw ("voneinander weg"). Beim 8. Mal drehen sich beide wieder in die Ausgangsstellung.	Abstimmung auf Partner und Gruppe, Gewandtheit

5.2.1 Schritt- und Figurenfolgen mit komplexen Bewegungsstrukturen: Teton Mountain Stomp

NR.	HINWEISE / ORGANISATION	BESCHREIBUNG	ZIEL
		Teton Mountain Stomp Musik: "Holiday Stomp" Platte Kögler, Stuttgart Nr. SP 23 1006 Einführung	
	Freie Aufstellung	Auf die Musik freies Gehen im Raum, - auf Zuruf mit einem Partner in Handfassung vw/rw gehen, - dasselbe mit Nachstellschritten vw, - mit dem Partner Handsternkreis re/li, - Dos à dos, - in Handfassung mit dem Partner Kreis nach re/li. Tanzform	Einstimmung auf die Musik und Partner, Koordinations- und Konzentrationsfähigkeit
	Im Kreis, paarweise mit Handfassung hintereinenander	Vorspiel: 8 Zählzeiten Figur 1: - Schritt li sw, re Fuß anstellen, Schritt li sw, re Fuß anstellen und aufstampfen - Dasselbe in Gegenrichtung - Schritt li sw, re Fuß anstellen und aufstampfen - Schritt re sw, li Fuß anstellen und aufstampfen - Wiederholung der letzten beiden Schrittfolgen Figur 2: Promenade, dabei gehen die Partner 8 Zählzeiten/Schritte gemeinsam vw. Danach macht der kreisinnere Partner 1/2 Drehung und geht 8 Zählzeiten/Schritte in die neue Richtung. Der andere Partner geht weiter vw.	Abstimmung mit dem Partner, Koordinations- und Konzentrationsfähigkeit, Bewegungsschnelligkeit

<table>
<tr><th>NR.</th><th>HINWEISE / ORGANISATION</th><th>BESCHREIBUNG</th><th>ZIEL</th></tr>
<tr><td></td><td></td><td>Figur 3: Handsternkreis re/li herum, dabei jeweils die re/li Handinnenflächen aneinanderlegen und im Kreis gehen (8 Zählzeiten/Schritte).

Figur 4: Dos à dos, Partner stehen sich mit Abstand gegenüber. Jeder beschreibt mit 8 Schritten einen Frontalkreis, wobei die Partner zuerst rechtsschultrig, dann linksschultrig aneinander vorbei gehen.

Figur 5: Mit dem Partner in Beidhandfassung in 8 Zählzeiten/Schritten einen Kreis re/li herum gehen.

Die einzelnen Figuren können als Folge hintereinandergetanzt werden, dabei ist eine schrittweise Einführung zu empfehlen. Für Anfänger reichen 2-3 Figurenfolgen schon aus.</td><td></td></tr>
</table>

5.2.2 Schritt- und Figurenfolgen mit komplexen Bewegungsstrukturen: Moderner Gruppentanz

NR.	HINWEISE/ORGANISATION	BESCHREIBUNG	ZIEL
		Moderner Gruppentanz Musik: "Dolce vita" von Ryan Paris	
	Freie Aufstellung	Einstimmung Mit großen Schritten kreuz und quer durch den Raum gehen - vw/rw/sw - hoch und tief gehen - mit Nachstellschritten - mit einem Partner in Handfassung einen Kreis re/li herum gehen.	Aufnahme von Rhythmus und Tempo in unterschiedlichen Bewegungsformen
		Tanzform	
	Linienaufstellung mit Handfassung	Vorspiel: 8 Takte Figur 1: - 3 Schritte re beginnend vw, mit li Fuß nach vorn kicken, 3 Schritte li beginnend rw, mit re Fuß nach vorn kicken, Wiederholung. - 3 Seitkreuzschritte nach re, mit li Fuß nach re kicken, 3 Seitkreuzschritte nach li, mit re Fuß nach li kicken, Wiederholung. - Handfassung lösen und mit 8 Schritten vw einen Kreis nach re um die eigene Achse gehen.	Abstimmung auf die Gruppe, Koordination, Raumorientierung, Konzentration auf unterschiedliche Bewegungsabfolgen
	Linienaufstellung	Figur 2: Handfassung bleibt gelöst. 2 Seitanstellschritte nach re, dabei 1 1/2 Frontalkreise mit den Armen in Bewegungsrichtung ausführen. Dasselbe in umgekehrter Bewegungsrichtung.	

5.2.2 Schritt- und Figurenfolgen mit komplexen Bewegungsstrukturen: Moderner Gruppentanz

NR.	HINWEISE / ORGANISATION	BESCHREIBUNG	ZIEL
	Freie Aufstellung	Figur 3: Mit Nachstellschritten kreuz und quer durch den Raum gehen und wieder zu einer neuen Linie zusammenfinden.	
	Linienaufstellung mit Handfassung	Figur 4: 4 Schritte in einer tiefen Körperhaltung nach vorn gehen und 4 Schritte auf den Ballen in einer hohen Körperhaltung zurück gehen. Die Figuren können in beliebiger Reihenfolge aneinandergesetzt werden. 	

5.2.3 Schritt- und Figurenfolgen mit komplexen Bewegungsstrukturen: Sternpolka

NR.	HINWEISE / ORGANISATION	BESCHREIBUNG	ZIEL
		Sternpolka Musik: EP 58702 oder EP 58117, Kögler-Verlag Einstimmung	
	Freie Aufstellung	Einzeln mit Nachstellschritten und Seitanstellschritten/Seitgalopp kreuz und quer durch den Raum bewegen, - auch partnerweise Seitanstellschritte in Tanzfassung nach re/li ausprobieren.	Aufnahme des Rhythmus
	Partnerweise in Tanzhaltung im Kreis 	Tanzform Vorpsiel: 4 Takte Figur 1: Mit dem Partner in Seitanstellschritten /Seitgalopp aus der Kreisform heraus bewegen. Dasselbe in umgekehrter Bewegungsrichtung in den Kreis hinein. Figur 2: Handsternkreis nach re/li Figur 3: Mit dem Partner in offener Handfassung gegenüber. Bewegung zunächst in Tanzrichtung: Schritt sw-Anstellschritt-Schritt sw-unbelasteter Fuß setzt Hacke und Spitze auf. Dasselbe zur anderen Seite, d.h. gegen Tanzrichtung.	Bewegungsflexibilität, Kreislaufbeanspruchung, Koordination und Konzentrationsfähigkeit

NR.	HINWEISE / ORGANISATION	BESCHREIBUNG	ZIEL
		<u>Rock´n Roll</u> Musik: "Rock´n roll shoe ...", Spider Murphy Gang oder jede andere langsame Rock´n Roll Musik.	
	Freie Aufstellung	<u>Einstimmung</u> Im Vorwärtsgehen abwechselnd mit re/li Bein nach vorn "kicken" (lockeres Schlagen des Unterschenkels), - dasselbe im Rückwärts-/Seitwärtsgehen - auch mit einem Partner in offener/geschlossener Handfassung.	Aufnahme des Rhythmus, Kennenlernen und Üben typischer Bewegungsformen
	Paare stehen mit offener Handfassung in Kreisform Aufstellung 1 	<u>Tanzform</u> Figur 1: Die Paare beginnen mit dem inneren Bein! (Re Partner mit li, li Partner mit re)! Schritt re bzw. li vw und kick mit dem Gegenbein. 4 Schritte vw und 4 Schritte rw. Mit dem letzten Schritt Drehung zueinander.	Koordination, Konzentrationsfähigkeit, Bewegungsschnelligkeit
	Aufstellung 2 	Figur 2: Partner stehen sich gegenüber. Seitanstellschritte nach re (re sw - li anstellen - re sw - mit li ein kick), dasselbe in Gegenrichtung. Insgesamt 4x ausführen.	
	Aufstellung 3 	Figur 3: Der li Partner macht 8 Schritte am Ort und dreht sich dabei zurück mit Blick in die Kreismitte. Gleichzeitig beschreibt der re Partner mit 8 Schritten vw einen Halbkreis um den stehenden Partner bis sie sich wieder gegenüber stehen.	Raumorientierung

5.2.4 Schritt- und Figurenfolgen mit komplexen Bewegungsstrukturen: Rock 'n' Roll

NR.	HINWEISE / ORGANISATION	BESCHREIBUNG	ZIEL
		Figur 4: Mit dem Partner in die Hände klatschen. Dann beide Arme in die Seithalte führen, dabei das Handgelenk beugen, so daß die Fingerspitzen nach oben zeigen. Figur 5: Wie Figur 3, nur in Gegenrichtung. Der li Partner führt die Schritte am Ort aus, während der re Partner mit 8 Schritten rw in die Ausgangsstellung zurückgeht.	

NR.	HINWEISE / ORGANISATION	BESCHREIBUNG	ZIEL
		<u>Square-Dance</u> Musik: "Oh Susanna", LP Party-Party von Hugo Strasser	
	Freie Aufstellung	<u>Einstimmung</u> Mit dem Partner in freien Bewegungsformen kreuz und quer durch den Raum gehen.	Aufnahme des Rhythmus, Freie Bewegungsentfaltung
	Jeweils 4 Paare stehen im Viereck 	<u>Tanzform</u> Vorspiel: 2 Takte (4 Zählzeiten) Figur 1: Alle gehen mit 4 Schritten vw zur Kreismitte und anschließend 4 Schritte rw zum Ausgangspunkt. Figur 2: Bewegungsform wie Figur 1, abwechselnd Paar 1 und 3 und dann Paar 2 und 4. Während zwei Paare die Schrittfolge ausführen, klatschen die beiden anderen Paar auf jeden Schritt in die Hände. Figur 3: Promenade. Paare kommen mit 1/4 Drehung in Tanzrichtung und gehen 8 Schritte vw, dann 8 Schritte rw und drehen sich zurück in die Ausgangsstellung.	Konzentrationsfähigkeit, Bewegungsflexibilität, Abstimmung auf Partner und Gruppe, Raumorientierung
	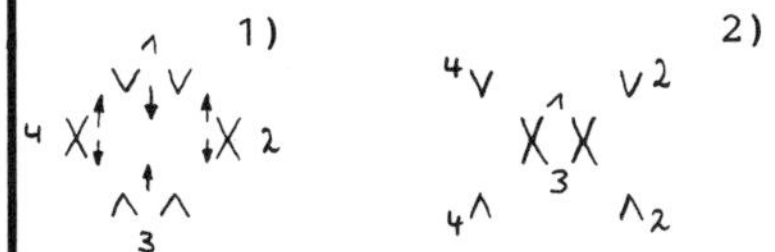	Figur 4: Paar 1 und 3 gehen mit 4 Schritten vw aufeinander zu. Gleichzeitig drehen sich die Partner von den Paaren 2 und 4 frontal zueinander und gehen mit 4 Schritten rw voneinander weg (siehe Skizze 1-2). Partner von 1 und 3 drehen frontal zueinander und gehen mit 4	

5.2.5 Schritt- und Figurenfolgen mit komplexen Bewegungsstrukturen: Square-Dance

NR.	HINWEISE / ORGANISATION	BESCHREIBUNG	ZIEL
	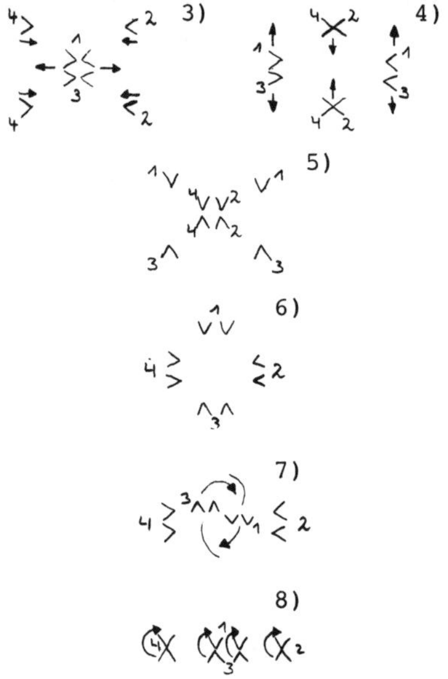	Schritten rw voneinander weg. Die einzelnen Partner von 2 und 4 drehen sich jeweils zum Partner des Gegenpaares und gehen mit 4 Schritten vw aufeinander zu. (Skizze 3-4). Partner der Paare 1 und 3 drehen frontal zu ihrem Gegenpartner und gehen 4 Schritte rw. Die Partner der Paare 2 und 4 drehen zur Kreismitte und gehen 4 Schritte vw (Skizze 5). Paar 1 und 3 dreht jeweils zum eigenen Partner und geht 4 Schritte vw auf ihn zu, während die Partner von 2 und 4 sich nebeneinander drehen und mit 4 Schritten rw zum Ausgangsort zurückgehen. (Skizze 6). Figur 5: Dos á dos nach re, zunächst von Paar 1 und 3, Paar 2 und 4 klatscht währenddessen in die Hände (Skizze 7). Dann in umgekehrter Reihenfolge. Figur 6: Paar 1 und 3 gehen mit 4 Schritten vw aufeinander zu und führen mit ihrem Gegenüber einen Handsternkreis nach re aus. Danach mit dem eigenen Partner wieder rw zum Platz gehen. Die Paare 2 und 4 bewegen sich währenddessen im Handsternkreis auf dem Platz. Dann in umgekehrter Reihenfolge (Skizze 8). Die Schritt- und Figurenfolgen sind in ihrer Reihenfolge variabel. Auch ist es sinnvoll eine schrittweise Einführung aller Figuren vorzunehmen.	

NR.	HINWEISE / ORGANISATION	BESCHREIBUNG	ZIEL
		Tanz mit Stühlen Musik: "Mendocino" (Sir Douglas Quintet, 127421 MCF)	
	Stühle in Kreisform aufstellen	Einstimmung Alle gehen in Schlangenlinien um die Stühle - vw/rw	Aufnahme des Rhythmus, Raumorientierung
	Jeder sitzt auf seinem Stuhl	Tanzform Figur 1: Im Sitzen abwechselnd beide Arme nach oben strecken und nach unten fallen lassen (jeweils 2 Zählzeiten). Figur 2: Aufstehen und mit 4 Schritten vw in die Kreismitte, 1/2 Drehung ausführen und mit weiteren 4 Schritten vw zurück zum eigenen Stuhl gehen. Figur 3: Aufstehen und mit 4 Schritten vw in die Kreismitte gehen und mit 4 Schritten rw zurück zum Ausgangspunkt. Figur 4: Aufstehen und mit 8 Schritten vw re/li um den Stuhl herumgehen.	Abstimmung auf Musik und Gruppe, Konzentrationsfähigkeit, Raumorientierung

5.2.6 Schritt- und Figurenfolgen mit komplexen Bewegungsstrukturen: Tanz mit Stühlen

NR.	HINWEISE / ORGANISATION	BESCHREIBUNG	ZIEL
		Figur 5: Abwechselnd re/li Bein bis zur Waagerechten anheben und anschliessend auf den Boden stampfen. Figur 6: Alle stehen auf und gehen vw in Schlangenform um alle Stühle bis jeder seinen eigenen Stuhl wieder erreicht hat. Figur 7: Gleichzeitig mit beiden Füßen zunächst die Hacken, dann die Fußspitzen aufstellen. Anschließend beide Füße erst nach re, dann nach li aufstampfen.	

NR.	HINWEISE / ORGANISATION	BESCHREIBUNG	ZIEL
		<u>Sitztanz</u> Musik: "Ten Pretty Girls" (FF 1306)	
		<u>Einstimmung</u>	
	Alle sitzen im Innenstirnkreis auf ihren Stühlen	Arme und Beine schwingen locker im Rhythmus der Musik.	Aufnahme des Rhythmus, Lockerung und Entspannung
		<u>Tanzform</u>	
		Vorspiel: 2 Takte (4 Zählzeiten) Figur 1: Abwechselnd re/li Schulter anheben und wieder fallen lassen. Danach jeweils einen Schulterkreis vw und rw ausführen. Figur 2: Abwechselnd mit beiden Händen auf die Oberschenkel des re und li Nachbarn schlagen und auf die eigenen zweimal hintereinander. Figur 3: Insgesamt 4 x re/li Knie im Wechsel hochziehen. Figur 4: Jeweils einen Armkreis vw/rw ausführen.	Koordination, Beweglichkeit im Arm-Schulterbereich

Kapitel 6

Bewegungsspiele

Bewegungsspiele sollten, unabhängig von der Zielgruppe, Bestandteil eines jeden Übungsprogramms sein. Speziell durch diese Form sportlicher Betätigung können Reize zu einer aktiven Freizeitgestaltung auch außerhalb der wöchentlichen Übungsstunde gesetzt werden.
Die nachfolgende Auswahl der Spiele ergibt sich aus ihrer Zielsetzung. Jedes Spiel wird hier einem Teilaspekt der motorischen Entwicklung und des Verhaltens zugeordnet. Daraus ergibt sich eine Systematik, die es möglich macht, auch im Seniorenalter Spiele gezielt für die Förderung bestimmter Bereiche auszuwählen. Diese Bereiche sind Wahrnehmung, Sozialverhalten und Motorik.
Bewegungsspiele können in verschiedene Abschnitte der Übungsstunde integriert werden. Sie können sowohl Bestandteil der Aufwärm- oder der Haupt- als auch der Ausklangphase einer Unterrichtseinheit sein.

NR.	HINWEISE/ORGANISATION	BESCHREIBUNG	ZIEL
1	Freie Aufstellung	Spiegelbild Paarweise gegenüberstehen, Handflächen ganz dicht voreinander: A gibt mit den Händen die Bewegungsrichtung vor - B folgt ihm, - Partner A gibt Bewegungsformen vor (z. B. Seit-Kreuz-Schritte mit Armkreisen), die B sofort nachvollziehen soll. Partner wechseln sich in der Bewegungsvorgabe ab.	Visuelle Wahrnehmung, Koordination
2	"	Drehkreisel Paarweise gegenüberstehen, Handflächen liegen aufeinander. Auf Zeichen schließen beide Partner die Augen, lösen die Handflächen voneinander, führen 2, 3 oder 4 Drehungen am Platz um die Körperlängsachse aus und versuchen, vor dem Öffnen der Augen die Handflächen wieder aufeinander zu legen.	Taktile Wahrnehmung, Raumorientierung
3	"	Ortsbestimmung Paarweise gegenüberstehen und die Hände fassen. A führt B (der die Augen geschlossen hat) auf verschiedenen Raumwegen durch die Halle. An einem bestimmten Punkt angekommen soll B sagen wo er meint, sich im Raum zu befinden.	Taktile Wahrnehmung, Raumorientierung

6.1 Spielformen zur Förderung der Wahrnehmungsfunktionen

NR.	HINWEISE/ORGANISATION	BESCHREIBUNG	ZIEL
4	Freie Aufstellung 	Wegweiser A legt mit einer Gardinenschnur rechtwinklige "Wege" auf den Boden. B hat die Augen verbunden und ertastet mit den Händen die gelegte Form. Dann nimmt er das Tuch ab und geht die Strecke nach, die er taktil wahrgenommen hat.	Taktile Wahrnehmung, Raumorientierung
5	" 	Keulendieb Mehrere Spieler sitzen mit verbundenen Augen im Stirnkreis und haben je eine Keule vor sich stehen. In der Kreismitte befindet sich der Dieb, der sich an einen der Kreisspieler heranschleicht, um eine Keule zu rauben. Wird ein Kreisspieler bestohlen, löst er den Dieb ab.	Akustische Wahrnehmung, Reaktion
6	"	Stiller Zaun Spieler stehen mit geschlossenen Augen in mehreren Linien hintereinander - Hände werden gefaßt - und bilden so die Zäune. Die anderen Teilnehmer versuchen, sich möglichst leise an die Zäune heranzutasten und sie zu durchbrechen.	Akustische Wahrnehmung, Gewandtheit

NR.	HINWEISE / ORGANISATION	BESCHREIBUNG	ZIEL
7	Freie Aufstellung	Berührungen Jeder Spieler versucht, bei seinen umherlaufenden Mitspielern möglichst schnell eine bestimmte Anzahl des angegebenen Körperteils zu berühren (z. B. Hand, Knie, Nase). Einsatz von Musik!	Kontaktaufnahme, Koordination
8	"	Wie vorangehende Spielform, alle laufen durcheinander und versuchen, auf Zeichen des Spielleiters schnell einen Partner zu finden, mit dem sie die angesagte Stellung einnehmen, z. B. Rücken an Knie, re Ellenbogen an li Hand.	"
9	Innenstirnkreis 	Säcklisuche Teilnehmer stehen Schulter an Schulter nebeneinander - ein oder zwei Mitspieler befinden sich in der Kreismitte. Die Spieler geben hinter ihrem Rücken ein Säckli weiter oder tun auch nur so als ob. Die Spieler in der Kreismitte müssen erraten, wo sich das Säckli befindet. Raten sie richtig, so gehen die "ertappten Spieler" in die Kreismitte.	Förderung des Zusammenspiels
10	Freie Aufstellung	Drachenschwanzjagen Etwa 8 - 10 Spieler stellen sich hintereinander auf und legen ihre Arme um die Hüfte des Vordermannes. Der Letzte in der Reihe steckt sich ein Tuch (oder Seil) in die Hose, dann beginnt der Drache, seinem "Schwanz" nachzujagen.	Förderung des Zusammenspiels, Reaktion

6.2 Spielformen zur Förderung des Sozialverhaltens

NR.	HINWEISE / ORGANISATION	BESCHREIBUNG	ZIEL
11	Freie Aufstellung	Flußüberqueren 6 - 8 Spieler stehen auf einer Matte und versuchen durch Vorlegen einer 2. Matte eine festgesetzte Entfernung zu überwinden, ohne daß einer der Spieler in den "Fluß" hineinfällt.	Abstimmung mit der Gruppe, Koordination
12	"	Riesenluftballontreiben Mehrere gleichstarke Mannschaften auf einer Hallenseite, jede Gruppe hat 1 Riesenluftballon: Der Luftballon wird von allen Gruppenmitgliedern durch Schlagen oder Stoßen von einer Hallenseite zur anderen gebracht, ohne Hinzunahme der Hände; z. B. nur mit dem Kopf oder nur mit den Füßen.	Kooperation, Koordination
13	Gassenaufstellung 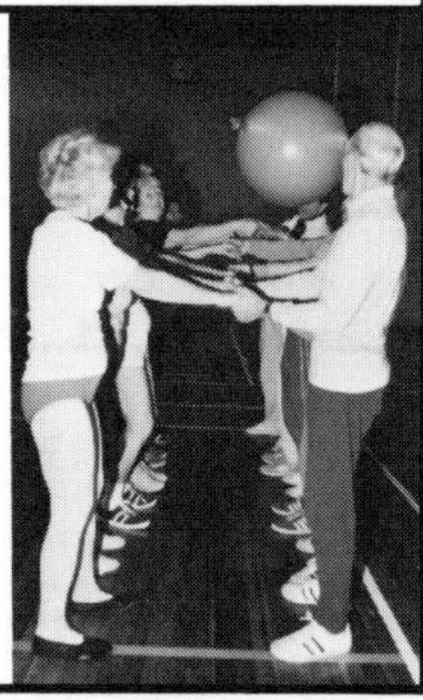	Riesenluftballongasse Spieler fassen die gegenüberliegenden Hände: Luftballon über die Hände ans Ende der Gasse rollen lassen. Das letzte Paar läßt den Ballon durch die geöffneten Arme auf den Boden fallen, rollt ihn durch die Gasse zurück an den Anfang und stellt sich selbst vor die Gruppe. Das Spiel ist beendet, wenn alle Teilnehmer wieder in ihrer Ausgangsposition stehen. Die Teilnehmer liegen auf dem Rücken, heben die Beine in die Senkrechte und transportieren den Luftballon auf den Füßen hin und her.	"

NR.	HINWEISE / ORGANISATION	BESCHREIBUNG	ZIEL
14	Freie Aufstellung	Luftballonzielwurf In der Raummitte steht ein großer Kasten ohne Deckel. Die Mitspieler werden entsprechend ihrer Luftballonfarbe in Gruppen eingeteilt. Von einer festgelegten Markierung (z. B. Raumecken) soll jede Gruppe ihre Luftballons durch Schlagen mit den Händen in den Kasten transportieren. - dasselbe nur durch Schlagen mit den Füßen oder mit dem Kopf.	Geschicklichkeit, Bewegungsschnelligkeit
15	Innenstirnkreis	Aufgepaßt Bis auf einen Spieler stehen alle im Innenstirnkreis und geben einen Gymnastikball nach re/li herum weiter. Der einzelne Spieler versucht, außerhalb des Kreises Richtung und Geschwindigkeit des Balles aufzunehmen und nachzuvollziehen.	Konzentrationsfähigkeit, Reaktion, Bewegungsabstimmung
16	"	Gordischer Knoten 6 - 10 Teilnehmer stehen in einem engen Kreis. Die Spieler schließen die Augen und fassen mit jeder Hand je eine Hand von verschiedenen Partnern. Ohne die Handfassung zu lösen, versucht die Gruppe, den Knoten zu entwirren. Als "Verbindungsstücke" zum Partner sollten für Senioren Tücher oder Seile eingesetzt werden. Dies vergrößert den Bewegungsspielraum und erleichtert das Entknoten.	Geschicklichkeit, Gewandtheit, Kooperation

6.4 Spiele zur Förderung von Konzentration und Reaktion

NR.	HINWEISE/ORGANISATION	BESCHREIBUNG	ZIEL
17	Innenstirnkreis	Tempoball Jeder hat einen Gymnastikball: Auf Zuruf den Ball dem re/li Nebenspieler übergeben. Steigerung der Belastungsintensität durch schnelle Wechsel der Bewegungsrichtung.	Konzentration, Reaktions-schnelligkeit
18	"	Wollspinne Alle Spieler sitzen auf Stühlen im Kreis. Einer hat einen großen Knäuel Wolle, hält das Ende fest und wirft irgendjemandem den Wollball zu. Dieser fängt den Wollball, hält ebenfalls den Wollfaden fest und wirft den Rest wieder jemandem zu. Fortlaufend wiederholen, bis jeder ein Teil der "Wollspinne" ist. So schnell wie möglich soll die Wollspinne in umgekehrter Reihenfolge aufgelöst werden. - dasselbe mit Namens- oder Zahlenansage.	" Bewegungs-schnelligkeit
19	Freie Aufstellung	Der Kuckuck sucht sein Nest Dreiergruppen: Zwei stehen sich in Handfassung gegenüber, der Dritte steht in der Mitte. Ein Spieler ist der "Kuckuck", der kein "Nest" hat. Auf Zeichen gehen alle Spieler frei durch den Raum. Wenn der Kuckuck "Kuckuck" ruft, versuchen alle ein leeres Nest zu besetzen. Wer übrig bleibt ist der neue Kuckuck.	Reaktions-schnelligkeit, Raumorientierung

NR.	HINWEISE / ORGANISATION	BESCHREIBUNG	ZIEL
20	Innenstirnkreis	<u>Bossi</u> Alle Spieler stehen in einem Kreis und führen im gleichen Rhythmus eine Bewegungsfolge aus: Re Fuß aufstampfen - li Fuß aufstampfen - 2 x in die Hände klatschen. Der Spielleiter beginnt mit der Ansage, daß das "Bossi" nach re oder li geht. Dabei soll jeder Spieler nacheinander eine Zahl nennen. Zahl 1 beginnt, dann 2, 3 ... usw. Die Zahl 7 oder alle Zahlen, die in irgendeiner Verbindung mit dieser Zahl stehen, dürfen nicht laut ausgesprochen werden. Der jeweilige Spieler sagt nichts und das "Bossi" geht wieder in die andere Bewegungsrichtung, wobei immer weiter durchgezählt wird.	Konzentration, Koordinationsfähigkeit
21	" 	<u>Eßbar - Freßbar</u> Alle Spieler stehen in einem Kreis, einer hat einen Gymnastikball. Dieser wirft den Ball einem anderen Mitspieler zu und nennt dabei etwas Eßbares (z. B. Apfel, Brot, Ei) oder etwas nicht Eßbares (z. B. Haus, Hand, Lampe). Wenn etwas Eßbares gerufen worden ist, darf der Spieler den Ball fangen. Im anderen Fall soll er den Ball mit dem Fuß berühren.	Konzentration, Reaktions- und Bewegungsschnelligkeit

6.4 Spiele zur Förderung von Konzentration und Reaktion

NR.	HINWEISE / ORGANISATION	BESCHREIBUNG	ZIEL
22	Innenstirnkreis	Prellkreis Alle Spieler stehen mit einem Gymnastikball in einem Kreis und versuchen im gleichen Rythmus zu prellen. Auf Zuruf prellt jeder Spieler seinen Ball dem re/li Nachbarn zu.	Konzentration, Reaktion
23	Flankenkreis	Wie vorangehende Spielform, jedoch mit der re/li Schulter im Kreis stehen und auf Zuruf einen Ball weiter vorgehen.	"
24	Innenstirnkreis	Früchtespiel Im Sitzen, ein Spieler in der Kreismitte. Alle suchen sich eine Frucht aus und benennen sie laut vor der Gruppe. Der Spieler im Kreis hat die Aufgabe, sich einen Früchtenamen herauszusuchen und ihn dreimal so schnell wie möglich laut auszusprechen. Der dazugehörige Spieler im Kreis muß während dieser Zeit aufstehen, sich um die eigene Achse drehen und wieder hinsetzen. Schafft er dies nicht, so muß er in den Kreis und Früchtenamen nennen.	" Bewegungsschnelligkeit

NR.	HINWEISE / ORGANISATION	BESCHREIBUNG	ZIEL
25	Zwei gleichstarke Mannschaften stehen sich gegenüber	Ringtennis In einem abgegrenzten Spielfeld soll ein Tennisring über ein Netz/Zauberschnur hin- und hergeworfen werden. Auf jeder Seite spielen 1 bis 4 Teilnehmer. Berührt der Tennisring den Boden, so erhält die Gegenmannschaft einen Punkt. Als Wettkampfspiel betrieben müssen folgende Bedingungen erfüllt sein: Feldgröße 12 x 4 m Netzhöhe 1,50 m, Spieler dürfen nur vom Fangort aus weiterwerfen.	Geschicklichkeit Bewegungsflexibilität, Abstimmung innerhalb der Gruppen
26	"	Balltreiben Jeder Spieler hat ein Sandsäckchen. In der Mitte liegt ein Medizinsoftball, den jede Mannschaft durch Werfen ihrer Sandsäckchen auf den Ball zur Gegenmannschaft befördern soll.	Bewegungsgenauigkeit, Abstimmung innerhalb der Gruppe
27	"	Wurftuch Zwei Mannschaften mit gerader Anzahl: Es werden Paare gebildet, die zwei Ecken eines Tuches festhalten. In einem abgegrenzten Spielfeld soll ein Softball mit den Tüchern über ein Netz/Zauberschnur geworfen bzw. gefangen werden. Berührt der Softball den Boden, so erhält die Gegenmannschaft einen Punkt.	Geschicklichkeit, Kooperation mit Partner und Gruppe

6.5 Wurf- und Fangspiele

NR.	HINWEISE / ORGANISATION	BESCHREIBUNG	ZIEL
28	Zwei gleichstarke Mannschaften stehen sich gegenüber	<u>Tschoukball</u> Hierbei wird auf sogenannte "Frames" je ein Ball geworfen. Diese Frames sehen aus wie Minitrampoline, sollten jedoch nicht von ihnen ersetzt werden. Das Spielen sollte eher auf schräggestellte Bretter oder auf die Stirnwände einer Halle erfolgen (Spielfläche hier vorher markieren). Spielidee: Ein Ball wird von einer Mannschaft auf das Wurfmal geworfen, beim Zurückprellen muß dieser von der anderen Mannschaft gefangen werden. Mißlingt dies, so erhält letztere Mannschaft einen Minuspunkt.	
Eigene Ideen			

NR.	HINWEISE / ORGANISATION	BESCHREIBUNG	ZIEL
29	Mehrere gleichstarke Mannschaften 	Luftballontransport Pendelstaffel: Innerhalb der Mannschaften stehen sich die Spieler paarweise in Gassenaufstellung gegenüber. Jedes Paar hält ein ausgebreitetes Tuch zwischen sich, auf dem sich ein Luftballon befindet. Die Partner transportieren gemeinsam den Ballon um und über verschiedene Hindernisse (Slalomstangen, Bänke, Kastendeckel, Übungsschwebebalken) und übergeben ihn am Ende der Gerätebahn an das nächste Paar. Jetzt wird der Geräteparcours von der anderen Seite her durchlaufen.	Geschicklichkeit, Koordination
30	Gleichstarke Mannschaften in Reihen	Zugumkehrstaffel Die Teilnehmer einer Mannschaft fassen mit den Händen zu einer Kette durch und durchlaufen auf Zeichen des Spielleiters gemeinsam einen Geräteparcours: - um Slalomstangen herum - jeder Zweite geht über eine Bank, die anderen sichern - unter einer gespannten Zauberschnur hindurch - über einen auf dem Boden liegenden Kastendeckel - durch einen senkrecht aufgestellten Reifen.	" Kräftigung großer Muskelgruppen, Abstimmung auf die Gruppe

6.7 Rückschlagspiele (Family Tennis)

NR.	HINWEISE / ORGANISATION	BESCHREIBUNG	ZIEL
31	Freie Aufstellung; jeder Spieler einen Family Tennisschläger und einen Softball	Ball im Stand und in der Fortbewegung im Vorhandgriff abwechselnd mit der re/li Hand schlagen. - dasselbe im Rückhandgriff	Gewöhnung an das Handgerät, Koordination
32	"	Ball abwechselnd im Vor- bzw. Rückhandgriff schlagen; mit Handwechsel.	"
33	Paarweise gegenüberstehen	Zuspielen des Balles im Vor- und Rückhandgriff, ohne Bodenberührung. Abstände variieren!	Abstimmung auf den Partner, Koordination
34	Innenstirnkreis mit 4 - 6 Spielern 	Wie vorangehende Übung, dabei den Ball abwechselnd im - und gegen Uhrzeigersinn zum nebenstehenden Spieler schlagen.	Koordination, Zielgenauigkeit, Kooperation

NR.	HINWEISE/ORGANISATION	BESCHREIBUNG	ZIEL
35	Innenstirnkreis mit 4 - 6 Spielern	Ein Spieler steht in der Kreismitte und spielt den Ball nacheinander den Kreisspielern zu, die den Ball zu ihm zurückschlagen sollen.	Koordination, Reaktion
36	Mannschaftsbildung mit 4 - 5 Spielern; in jeder Spielfeldmitte eine Bank	Zwei Mannschaften stehen sich in einem begrenzten Spielfeld, das in der Mitte durch eine Bank markiert wird, gegenüber. Beim Aufschlag muß der Ball ins gegnerische Feld geschlagen werden; der Ball darf insgesamt dreimal in der eigenen Hälfte gespielt werden, darf aber von einem Spieler nicht zweimal hintereinander geschlagen werden. Ansonsten wird das Spiel nach Volleyball-Spielregeln ausgeführt.	" Abstimmung auf die Mitspieler

6.7 Rückschlagspiele (Prellball, beschichteter Softball)

NR.	HINWEISE / ORGANISATION	BESCHREIBUNG	ZIEL
37	Paarweise gegenüber stehen, Abstand ca. 3 - 4 m	Ball mit einer Hand mehrmals nacheinander am Ort prellen und abgeben an den Partner; - dasselbe mit der anderen Hand.	Ballgewöhnung, Koordination, Kooperation
38	" 	A prellt den Ball mit möglichst wenig Bodenkontakten zum Partner. B fängt den Ball und spielt ihn zurück.	"
39		Wie vorangehende Übung, dabei soll der Bodenkontakt des Balles in einen Reifen erfolgen, der zwischen den Partnern auf dem Boden liegt.	" Zielgenauigkeit
40	"	Paarweise zuprellen mit ein bis zwei Bodenkontakten, Annahme des Balles und Rückspielen.	Erlernen der balltechnischen Grundfertigkeiten, Koordination

NR.	HINWEISE / ORGANISATION	BESCHREIBUNG	ZIEL
41	Aufstellung in Dreiergruppen	Zuspielen des Balles in Dreiergruppen	Erlernen des plazierten Zuspiels, Koordination
42	Stirnkreis	Zuspielen des Balles im Kreis. Auf Zuruf Richtungsänderung mit Handwechsel.	" Reaktion
43	"	Ein Spieler steht in der Kreismitte und spielt den Ball den Kreisspielern zu, die den Ball direkt zu ihm zurückprellen.	"
44	Gleichstarke Gruppen vor einer Bank 	<u>Umkehr-Prellstaffel</u> Ball wird mit der re Hand an der re Bankseite geprellt, dabei geht der Spieler links neben der Bank. Dasselbe gegengleich auf dem Rückweg, dann wird der Ball an den nächsten Spieler übergeben.	Koordination, Gewandtheit

6.7 Rückschlagspiele (Prellball, beschichteter Softball)

NR.	HINWEISE / ORGANISATION	BESCHREIBUNG	ZIEL
45	Gleichstarke Gruppen vor einer Bank	Wie vorangehende Übung, dabei den Ball auf der Bank entlang prellen.	Koordination
46	"	Ball mit dem Seitschlag über die Bank ins gegnerische Feld schlagen.	Erlernen des Aufschlags
47	2 Mannschaften stehen sich in einem rechteckigen Spielfeld gegenüber, das in der Mitte durch eine Schwebebank in zwei gleichgroße Felder geteilt ist. Spieleranzahl: 3 auf jeder Spielfeldseite.	<u>Prellballspiel</u> (mit vereinfachten Regeln) Vor der Ballabgabe müssen alle 3 Spieler einer Mannschaft den Ball berührt haben. Der Ball darf von keinem Spieler zweimal hintereinander geschlagen werden.	Koordination, Reaktion, Förderung des Zusammenspiels

6.7 Rückschlagspiele (Ball über die Schnur, beschichteter Softball)

NR.	HINWEISE / ORGANISATION	BESCHREIBUNG	ZIEL
48	Partnerweise mit einem Ball auf freien Raumwegen	Kreuz und quer durch den Raum bewegen. Partner werfen sich beidhändig den Ball zu.	Ballgewöhnung, Abstimmung auf den Partner
49	Partnerweise längs durch den Raum bewegen	Die Partner werfen sich gegenseitig den Ball zu und gehen dabei längs durch den Raum.	Erlernen des plazierten Zuspiels
50	Partnerweise mit einem Ball gegenüber, dazwischen eine gespannte Zauberschnur (Höhe ca. 2 m)	Partner werfen sich den Ball in unterschiedlichen Abständen über die Zauberschnur zu.	Zielgenauigkeit, Reaktionsfähigkeit
51	"	Wie vorangehende Übung, Partner bewegen sich dabei nach re bzw. li.	"
52	Zwei Gruppen stehen sich in Reihe gegenüber, dazwischen eine gespannte Zauberschnur (Höhe ca. 2 m)	Der erste aus Gruppe A wirft den Ball über die Schnur zum ersten der Gruppe B. Danach stellt er sich hinter seine eigene Gruppe. Fortlaufend wiederholen.	"

6.7 Rückschlagspiele (Ball über die Schnur, beschichteter Softball)

NR.	HINWEISE / ORGANISATION	BESCHREIBUNG	ZIEL
53	Zwei Gruppen stehen sich in Reihe gegenüber, dazwischen eine gespannte Zauberschnur (Höhe ca. 2 m)	Wie vorangehende Übung, nur daß der Ball durch einen Reifen geworfen werden soll.	Zielgenauigkeit, Reaktionsfähigkeit
54	Aufteilung in Kleinfelder, welche durch eine gespannte Zauberschnur (Höhe ca. 2 m) geteilt sind.	Auf der einen Spielhälfte werden 3 Matten ausgelegt. Alle Spieler stehen auf der anderen Spielhälfte und versuchen, aus unterschiedlichen Positionen den Ball über die Schnur auf die Matte zu werfen.	Erlernen des plazierten Zuspiels
55	2 Mannschaften mit vier Spielern	<u>Ball über die Schnur</u> Der Ball soll über eine gespannte Schnur so in das gegnerische Feld geworfen werden, daß er vom Gegner nicht gefangen werden kann. Der Ball muß innerhalb der eigenen Mannschaft 3 x abgegeben werden.	Konzentrations-, Reaktionsfähigkeit, Bewegungsflexibilität

Persönliche Notizen:

Kapitel 7

Entspannung / Körpererfahrung

7.1 Entspannung / Körpererfahrung

NR.	HINWEISE / ORGANISATION	BESCHREIBUNG	ZIEL
1	In Rückenlage auf einer Matte	Reise durch den Körper Augen schließen und auf eine gleichmäßige Atmung achten. Der Übungsleiter führt mit ruhigen Ansagen in einzelne Körperregionen. Vom großen Zeh beginnend die eine Körperseite langsam durchwandern und auf der anderen Körperseite zurückkommen.	Mentales Wahrnehmen von Teilbereichen des Körpers, Körperschema, lösen von Anspannungen
2	"	Mit geschlossenen Augen Anheben der Arme bis in die Senkrechte, - abwechselnd re/li - gleichzeitig - dasselbe mit den Beinen	"
3	"	Mit geschlossenen Augen Hände auf verschiedenen Ebenen zusammenführen, - am Boden über den Kopf - senkrecht nach oben - über den Bauch	" Koordination
4	"	Mit geschlossenen Augen Arme etwas vom Boden abheben und wieder fallen lassen - abwechselnd re/li - gleichzeitig - mit den Beinen	Auflagepunkte des Körpers auf der Kontaktfläche erspüren und wirken lassen
5	" Beine angewinkelt aufstellen, Arme in die Seithalte	Langsames Kippen der Beine zur re/li Seite. Der Oberkörper sollte möglichst in Ausgangslage bleiben.	Spannen und Lösen der Rückenmuskulatur

NR.	HINWEISE/ORGANISATION	BESCHREIBUNG	ZIEL
6	In Rückenlage auf einer Matte. Beine angewinkelt aufstellen, Unterarme aufstützen	Verschiedene Kippbewegungen des Beckens ausführen, - vorwärts/rückwärts - Drehen nach re/li - abwechselnd re/li Hüfte - Kreisen	Lösen und Lockern von Bauch- und Lendenmuskulatur
7	Rückenlage, Stab oder ein mit Kastanien gefüllter Schlauch	Den Stab im Lendenbereich quer zur Körperlängsachse auf den Boden legen. Druckpunkte zum Stab/Boden passiv wahrnehmen und wirken lassen.	Sensorpunkt für das vegetative Nervensystem, Entspannung des gesamten Rückenbereichs
8	Rückenlage, Beine aufgestellt	<u>Bauchatmung</u> Beim Einatmen füllen sich Brust- und Bauchraum mit Luft. Der Bauch hebt sich dabei, er wird dicker. (Kontrolle durch aufgelegte Hände) Mit dem Ausatmen dünn werden. Atem fließen lassen, länger ausatmen als einatmen.	Ganzkörperentspannung, bewußte Steuerung des Atemvorganges
9	Seitlage	Abwechselnd kleine Kreisbewegungen im Schulter- und Hüftbereich ausführen. Wechsel der Seiten.	Aktives Spannen und Lösen der Schulter und Beckenmuskulatur
10	1 Tennisball	<u>Selbstmassage</u> Den Tennisball durch Drücken und Kreisen über große Muskelgruppen führen.	Lösen und Lockern verschiedener Körperregionen

7.1 Entspannung / Körpererfahrung

NR.	HINWEISE / ORGANISATION	BESCHREIBUNG	ZIEL
11	Unterschiedliche Ausgangspositionen möglich Stand/Sitzen	Partner A hat die Augen geschlossen. Partner B faßt mit beiden Händen eine Hand von A und lockert durch Vibrationen und Schüttelbewegungen Arm- und Schulterbereich. Seitenwechsel/Partnerwechsel.	Lockerung von Armen und Schultergürtel
12	Rückenlage	Partner A umfaßt mit beiden Händen ein Fußgelenk von Partner B. Wie vorangehende Übung, jedoch die Beine nacheinander lockern.	Lockerung der Beinmuskulatur
13	Im Sitzen	Partner A läßt Kopf und Arme locker hängen. Partner B streicht mit den Handflächen Nacken-, Schulter- und Rückenstreckerbereich sanft von oben nach unten aus.	Entspannen der Rumpfrückseite
14	"	Ausgangsposition wie vorangehende Übung. Fingerdruckpunktmassage um die Schulterblätter und den oberen Armbereich, - dasselbe an großen Muskelgruppen, z. B. Rückenstrecker, Oberschenkel, Unterschenkel.	Lockerung verschiedener Muskelgruppen
15	Bauchlage	<u>Ballmassage</u> Vom Boden mit dem Ball über die Zehen in den Fuß hineinrollen. Mit kleinen Kreisbewegungen bzw. Vibrationen Muskelgruppen der einen Körperseite von den Füßen zu den Händen lockern und lösen. Nierenbereich aussparen.	Lockerung großer Muskelgruppen

Literaturverzeichnis

Vorschläge für weiterführende Literatur

BARTH, Elisabeth (Red.):
Altersturnen. Anleitung für Leiterinnen und Leiter. 2. Aufl. Magglingen: Eidgen. Turn- und Sportschule 1977.

BEYSCHLAG, Renate:
Altengymnastik und kleine Spiele. Anleitung für Übungsleiter in Heimen, Begegnungsstätten und Verbänden. Stuttgart: Gustav-Fischer-Verlag 1983.

BRINCKMANN, Andreas / RODER, Angela (Hrsg.):
Freizeitsport mit Senioren. Modelle für Vereinssport und Altenarbeit. Reinbek: Rowohlt 1985.

DEUTSCHES ROTES KREUZ (Hrsg.):
Bewegung bis ins Alter. Anleitung für Altengymnastik für Übungsleiter/-innen im Deutschen Roten Kreuz. Bonn: DRK, Friedrich-Ebert-Allee 71 (1979).

DEUTSCHES ROTES KREUZ (Hrsg.):
Bewegung bis ins Alter. Anleitung für Wassergymnastik im Deutschen Roten Kreuz. Anhang: Fragebogen Wassergymnastik. Übungsleiterausbildung. Bonn: DRK, Friedrich-Ebert-Allee 71 (1980).

DEUTSCHER SPORTBUND (Hrsg.):
Sport und Spiel für Ältere. Band 15 der Schriftenreihe Breitensport des Deutschen Sportbundes, Frankfurt/Main 1974/75.

DEUTSCHER SPORTBUND (Hrsg.):
Sport und Spiel für Leute über 60. Band 22 der Schriftenreihe Breitensport des Deutschen Sportbundes. 1. Aufl. Frankfurt/Main 1982.

DEUTSCHER TURNERBUND (Hrsg.):
Seniorenturnen — Lehrplan 2. München: BLV 1983.

KAPUSTIN, Peter (Red.):
Senioren und Sport. Begründung, Zielsetzung, Modelle, Anregungen für die Praxis. Hrsg.: Größing, Stefan. Bad Homburg: Limpert 1980.

KNEBEL, Karl-Peter:
Funktionsgymnastik. Reinbek: Rowohlt 1985.

KUKUK, Hein F./VONCKEN, Ulrike:
111 x Wassergymnastik für jedermann. Schorndorf: Hofmann 1981.

LEYE, Monika:
Gymnastik, Spiel und Tanz im höheren Lebensalter. Medizinische, pädagogisch-didaktische und praktische Anregungen. Augsburg: Moro-Verlag 1983.

MEUSEL, Heinz:
Sport, Spiel, Gymnastik in der zweiten Lebenshälfte. Ziele — Training — Unterricht — Organisation. Bad Homburg: Limpert 1982.

MILZ, Helmut:
Gymnastik im Wasser. Ein Gesundheitstraining. Bad Wörishofen: Kneipp-Verlag 1978.

RECLA, Josef: Alles haben ist das Alter (Zitat-Sammlung). Buxheim: Martin-Verlag 1975.

SCHWANER, Barbara:
Seniorensport. Praktischer Leitfaden in Stundenbildern mit und ohne Hand- und Hilfsgeräten. Celle: Pohl-Verlag 1978.

STECHLING, Sabine/MÜCKE, Edwin:
Wassergymnastik für das mittlere und höhere Lebensalter. Praktische Anleitungen zum Aufbau von Übungsstunden im Wasser mit und ohne Handgerät. Sport Praxis in Schule und Verein, Bad Homburg: Limpert 1983, Heft 4, S. 63—65, Heft 5, S. 91—92, Heft 6, S. 109—110 und Heft 8, S. 155—156, Heft 12, S. 240—241. Bad Homburg: Limpert 1984, Heft 2, S. 29—30.

ZUHRT, Renate:
Stundenbilder — Gruppengymnastik im Altenheim. Stuttgart: Fischer 1984.